中国式现代化与乡村振兴系

总主编：魏礼群　主　编：张照新　朱立志

促进农户合作共赢

李文婧　于占海　李世武◈编著

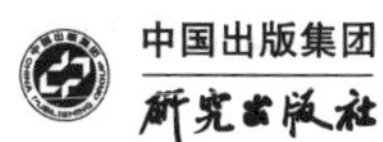

图书在版编目 (CIP) 数据

促进农户合作共赢 / 李文婧, 于占海, 李世武编著
. -- 北京 : 研究出版社, 2024.1
ISBN 978-7-5199-1578-0

Ⅰ. ①促… Ⅱ. ①李… ②于… ③李… Ⅲ. ①农户 - 经济合作 - 研究 - 中国 Ⅳ. ①F321.4

中国国家版本馆CIP数据核字(2023)第177500号

出 品 人：赵卜慧
出版统筹：丁　波
责任编辑：戴云波

促进农户合作共赢
CUJIN NONGHU HEZUO GONGYING
李文婧　于占海　李世武　编著
研究出版社 出版发行
（100006　北京市东城区灯市口大街100号华腾商务楼）
北京云浩印刷有限责任公司印刷　新华书店经销
2024年1月第1版　2024年1月第1次印刷
开本：880毫米 × 1230毫米　1/32　印张：5.75
字数：128千字
ISBN 978-7-5199-1578-0　定价：37.80元
电话（010）64217619　64217612（发行部）

—序—

以习近平同志为核心的党中央高度重视“三农”工作。随着脱贫攻坚战的圆满收官，我国解决了绝对贫困问题，全面建成小康社会，实现了第一个百年奋斗目标，已迈入第二个百年奋斗目标的新征程。党的二十大报告提出，到本世纪中叶，全面建成社会主义现代化强国。而全面建设社会主义现代化国家，最艰巨最繁重的任务依然在农村。要坚持农业农村优先发展，坚持城乡融合发展，畅通城乡要素流动，加快建设农业强国，扎实推动乡村产业、人才、文化、生态、组织振兴。全面推进乡村振兴，是新时代新征程推进和拓展中国式现代化的重大任务。

2023 年是贯彻落实党的二十大精神的开局之年。中央 1 号文件强调，要抓好两个底线任务，扎实推进乡村发展、乡村建设、乡村治理等乡村振兴重点工作，建设宜居宜业和美乡村，为全面建设社会主义现代化国家开好局起好步打下坚实基础。

任务既定，重在落实。进入“十四五”以来，党中央、国务院围绕保障粮食安全、巩固拓展脱贫攻坚成果、防止规模性返贫和全面推进乡村振兴重点工作，出台了一系列政策文件和法律法规，“三农”发展方向、发展目标、重点任务更加明确，工作机制、工作体系、工作方法更加完善，为乡村振兴战略推进奠定了基础。但是，由于“三农”工作是一个系统工程，涉及乡村经济、社会各个领域、各个环节、各类主体，仍然可能面临不少理论和实践问题。例如，如何处理农民与土地的关系、新型农业经营主体与小农户的关系、粮食安全与农民增收的关系、乡村发展与乡村建设的关系等等。全面推动乡村振兴工作的落实落地，需要深入研究许多问题和困难挑战。

习近平总书记指出，问题是时代的声音，回答并指导解决问题是理论的根本任务。理论工作者要增强问题意识，聚焦实践遇到的新问题、改革发展稳定存在的深层次问题、人民群众急难愁盼问题、国际变局中的重大问题、党的建设面临的突出问题，不断提出有效解决问题的新理念新思路新办法。

我们欣喜地看到，近年来，有些"三农"领域的理论工作者已经开始站在实现中国式现代化的新高度，加快推进农业强国建设，开展相关的理论研究和实践探索工作，并形成了一批成果。本套丛书的出版，可以说就是一次有益的尝试。丛书全套分六册，其中：

《夯实粮食安全根基》，系统介绍了粮食安全相关的基础知识和保障粮食安全涉及的粮食生产、储备、流通、贸易等多方面政策，通俗易懂地解答了人们普遍关心的粮食安全领域热点难点民生问题。

《加快乡村产业振兴》，结合乡村产业发展涉及的产业布局优化、产业融合发展、绿色化品牌化发展、产业创新发展，分门别类地就热点问题进行了概念解读、理论分析和政策阐释，并结合部分先进地区的发展经验，提供了部分可资借鉴的发展模式和案例。

《构建现代农业经营体系》，在阐释相关理论和政策、明晰相关概念和定义的基础上，回答了现代农业经营体系建设相关工作思路的形成过程、支持鼓励和保障性政策的主要内容、各项政策推出的背景和意义、政策落实的关键措施、主要参与主体、发展模式等问题。

《推动农民农村共同富裕》，围绕农民就业增收、经营增效增收、就业权益保障、挖掘增收潜力等多个方面，详细介绍了促进农民收入增长的政策、路径和方法。

《促进农户合作共赢》，通过对农民专业合作社的设立、组织机构、财务管理、产品认证、生产经营、年度报告、扶持政策等内容进行全面的解读，为成立农民专业合作社过程中在经营管理、财务管理、政策扶持等方面有疑问的读者提供了参考建议。

《建设宜居宜业和美乡村》，在系统梳理宜居宜业和美乡村建设已有做法、经验的基础上，全面介绍了农村厕所革命、农村生活污水治理、农村生活垃圾治理、村容村貌提升、农业废弃物资源化利用、乡村治理等领域的基础知识、基本情况、政策要求、技术路径、方法要领和典型模式，以及发达国家的做法经验。

六册丛书以乡村发展为主，同时涵盖了乡村建设和乡村治理两个领域，具有重要参考价值和指导意义。各册内容总体上分章节形式，体现清晰的逻辑思路；在章节内采取一问一答形式，便于使用者精准找到自己想要的问题答案。部分书册节录了部分法律和政策文件，可供实际操作人员查阅参考。

在丛书的选题以及编写过程中，各位作者得到了研究出版社社长赵卜慧、责任编辑朱唯唯等的大力支持和帮助，在此一并致谢！同时，由于水平所限，书中难免存在问题和不足之处，请予以指正。

本套丛书付梓之际，应邀写了以上文字，是为序。

魏礼群

二〇二三年十一月

目录 促进农户合作共赢 CONTENTS

第一编 基础知识

第二编 登记注册

第三编 组织机构

第四编 财务管理

|第五编| 产品认证

|第六编| 生产经营

第七编 年度报告

第八编 扶持政策

第九编 法律责任

壹 第一编 基础知识

◉ 什么是农民专业合作社？

《中华人民共和国农民专业合作社法》（以下简称《农民专业合作社法》）第二条规定：农民专业合作社是在农村家庭承包经营基础上，同类农产品的生产经营者或者同类农业生产经营服务的提供者、利用者，自愿联合、民主管理的互助性经济组织。

关于“同类”，是指以《国民经济行业分类》规定的中类以下的分类标准为主，提供该类农产品的销售、加工、运输、贮藏、农业生产资料的购买以及与该类农业生产经营有关的技术、信息等服务。

◉ 为什么要成立农民专业合作社？

农民专业合作社是社会主义市场经济体制下产生的一种全新的市场主体组织形式。它的产生源于实行农村家庭承包经营责任制后，农民因生产资料购买、农产品销售、生产技术欠缺而产生的通过市场获得服务的需求。它的发展动力源于参与市场竞争。

成立农民专业合作社可以实现成员生产经营的规模经济。农民专业合作社通过集体销售成员的农产品，集体为成员采购农业生产资料以及集体利用农业基础设施、大中型农机具，集体收集市场信息等，降低成员的平均生产成本，提高劳动生产率，实现规模经济。

1. 可以降低成员交易成本。农民专业合作社统一向成员提供市场信息、产品销售、投入品购买、技术服务等，降低了成员个人在收集信息、与商户讨价还价、实施商业合同等环节的交易成本。

2. 可以减少成员生产经营的不确定性和风险。农民专业合作社通过为成员签订供货或销售合同、提供稳定的销售或供货渠道，降低了成员因价格波动带来的市场风险和投入的不确定性。

3. 可以改善成员的市场竞争地位。农民专业合作社为成员提供了市场购销中讨价还价的机会，提升了成员在购买产品和服务以及销售产品和服务中与商家的谈判权。

◉ 农民专业合作社成立的条件有哪些?

《农民专业合作社法》第十二条规定，设立农民专业合作社应当具备下列条件：

1. 有五名以上符合本法第十九条、第二十条规定的成员；
2. 有符合本法规定的章程；
3. 有符合本法规定的组织机构；
4. 有符合法律、行政法规规定的名称和章程确定的住所；
5. 有符合章程规定的成员出资。

◉ 农民专业合作社有哪些特征?

农民专业合作社作为独立的市场主体，与其他市场主体相比具有五项基本特征：

1. 农民专业合作社是一种经济组织。与只为成员提供技术、信息等服务，不从事营利性经营活动的农民专业技术协会、农产品行业协会等专业合作经济组织不同，农民专业合作社是从事经营活动的实体型农民专业合作经济组织，也就是说，农民专业合作社是一种经济组织。

2. 农民专业合作社建立在农村家庭承包经营基础之上。农村土地的家庭承包经营制度是党在农村的基本政策。农民专业合作社是由依法有权通过家庭承包方式取得农村土地承包经营权的农村集体经济组织成员，即以农民为主体，自愿联合与合作的组织。农户加入农民专业合作社不改变土地的家庭承包经营，不是重新“归大堆”。

3. 农民专业合作社是进退自愿的经济组织。农民专业合作社是农民自愿组织起来的，任何单位和个人不得强迫他们参加或退出。农民可以入社享受收益，也可以退社不享受收益。各级人民政府及其农业农村行政主管部门等有关部门和组织应坚持“引导不强迫、支持不包办、服务不干预”的原则，为农民专业合作社提供指导、扶持服务。

4. 农民专业合作社实行成员民主管理。农民专业合作社成员在组织内部地位平等，内部实行民主管理。成员不论出资多少或是否出资，在组织内部的地位都是平等的。为保证成员对组织的民主管理，法律规定农民专业合作社实行民主决策、财务公开等制度，由成员通过民主程序，直接控制本组织的生产经营活动。成员大会选举和表决，实行一人一票制。

5. 农民专业合作社是互助性质的经济组织。农民专业合作社成立的目的是成员自我服务。《农民专业合作社法》规定成员的“同类”性质，就是通过合作互助提高规模效益，解决单个农户办不了、办不好、办了不合算的问题。这一特征，决定了农民专业合作社“对成员服务不以营利为目的”。

◉ 农民专业合作社应遵循哪些原则？

农民专业合作社的基本原则体现了农民专业合作社的价值，也是对农民专业合作社进行定性的标准。《农民专业合作社法》第四条规定，农民专业合作社应当遵循五项原则：

1. 成员以农民为主体。为坚持农民专业合作社为农民服务的宗旨，发挥农民专业合作社在解决“三农”问题方面的作用，使农民真正成为农民专业合作社的主人，有效地表达自己的意愿，并防止他人利用、操纵合作社，农民专业合作社法规定，农民专业合作社的成员中，农民至少应当占成员总数的 80%。同时对农民专业合作社中企业、事业单位及社会团体成员的数量进行了限制：成员总数 20 人以下的，可以有 1 个企业、事业单位或社会团体成员；成员总数超过 20 人的，企业、事业单位或社会团体成员不得超过成员总数的 5%。

2. 以服务成员为宗旨，谋求全体成员的共同利益。农民加入农民专业合作社后，可以享受到专业性的生产服务，更好地发展生产。农民专业合作社将分散农户组织起来，扩大了规模，改变了单个农户的市场弱势地位。农民专业合作社为成员服务时，必须坚持谋求全体成员的共同利益。不论是农民成员还是企业等团体成员，加入农民专业合作社都是为了享受到农民专业合作社提供的服务。农民专业合作社以同类农产品或者同类农业生产服务为纽带将成员组织起来，本质上是成员共同利益的联合体，这种共同利益是成员间进行合作开展一致行动的基础。只有谋求共同利益，才能保证全体成员的利益最大化，实现每一个成员加入农民专业合作社的目的。

3. 入社自愿、退社自由。凡是具有民事行为能力的公民，能够利用农民专业合作社提供的服务，承认并遵守农民专业合作社章程，履行章程规定的入社手续的，都可以成为农民专业合作社的成员。成员可以自愿加入一个或多个农民专业合作社，也可以自由退出农民专业合作社。退出的农民专业合作社应当按照章程规定的方式和期限，退还记载在该成员账户内的出资额和公积金份额，并将成员资格终止前的可分配盈余，依法返还成员。

4. 成员地位平等，实行民主管理。为保护农民成员的民主权利和经济利益，农民专业合作社法从农民专业合作社的组织机构和保证农民成员对本社的民主管理两个方面作了规定。首先，健全农民专业合作社的组织机构。农民专业合作社必须设立成员大会或者成员代表大会，并按照法律和章程规定召开会议。农民专业合作社必须设理事长，理事长为本社的法人代表，也可以根据自身需要设立理事会、执行监事或者监事会。其次，由成员通过法律规定的民主程序，直接控制本社的生产经营活动，保证农民成员对本社的民主管理。

5. 盈余主要按照成员与农民专业合作社的交易量（额）比例返还。盈余分配方式的不同，是农民专业合作社与其他经济组织的重要区别。为了体现盈余主要是按照成员与农民专业合作社的交易量（额）比例返还的基本原则，保护一般成员和出资较多成员两个方面的积极性，农民专业合作社法规定，在弥补亏损、提取公积金后的当年盈余，为农民专业合作社的可分配盈余。可分配盈余按照下列规定返还或者分配给成员，具体分配办法按照章程规定或者经成员大会决议确定：首先，按成员与本社的交易量（额）比例返还，返还总额不得低于可分配盈余的 60%；其次，按前项规定返还后的剩余部分，以成员账户中记载的出资额和公积金份额，以及本社接受国家财政直接补助和他人捐赠形成的财产平均量化到成员的份额，按比例分配给本社成员。

◉ 农民专业合作社与其他经济组织及社团组织有什么区别?

农民专业合作社是在市场经济环境中发育起来的一种新的独立的经济组织形态，是与合伙制企业、公司制企业并行的一种经济组织形式，也区别于社区性集体经济组织和社会团体。

1. 与合伙制企业的区别。农民专业合作社与合伙制企业在成员构成、财产性质、法律人格和责任形式等方面均有不同。

第一，成员构成不同。除了具有管理公共事务职能的单位、公民、企业、事业单位和社会团体外，从事农业生产、加工、流通、仓储等的农民，具有民事行为能力，都可成为农民专业合作社的成员。普通合伙企业要求由两个以上的自然人组成，有限合伙企业由2—50个合伙人组成，国有独资公司、国有企业、上市公司和公益性事业单位、社会团体不能成为普通合伙人。

第二，成员在组织中的作用不同。农民专业合作社不因某一成员的加入、退出而影响组织的存亡。合伙制企业的存亡则取决于任何一个合伙人的去留。

第三，承担债务的责任形式不同。农民专业合作社有独立的法人财产，成员仅以其出资额为限对合作社债务承担有限责任，即使资不抵债，债务清偿也不涉及成员个人财产。合伙制企业财产性质由合伙协议约定，合伙人财产为合伙人统一管理和使用，不经其他合伙人同意，任何一个合伙人不得将合伙财产移为他用。这种财产性质，决定了合伙企业的自然人性质和普通合伙人对企业债务承担无限连带责任的形式。

第四，盈余分配方式不同。农民专业合作社中的盈余分配主要按惠顾额返还。合伙制企业是按合伙协议约定，无约定按出资比例分配，无法确定出资比例的由合伙人平均分配。

第五，经营方式不同。农民专业合作社有法人代表，负责合作社的经营管理。合伙制企业的经营活动由合伙人共同决定，合伙人有执行和监督的权利。

2. 与公司制企业的区别。农民专业合作社与公司制企业的主要区别是，劳动与资本在组织中的地位和权利不同。合作制企业的理论依据是，在合作制企业中，资本的结合是由人的结合派生出来的，资本的结合是以人的结合为前提的，资本与人相比，人处于主导地位，人利用、支配和使用资本，人的权利大于资本权利。公司制企业的理论依据是，在公司制企业中，人的结合是资本结合派生出来的，人的结合要以资本的结合为前提。资本与人相比，资本处于主导地位，资本权利大于人的权利。由此派生出以下区别：

第一，投票权和收益分配的依据不同。合作社中，社员拥有一人一票的权利，盈余分配的主要依据是社员的惠顾额，资本报酬适度。公司制企业中，股东地位以出资额为依据，股东按投入公司的资本额享有资产收益、重大决策和选择管理者等权利，每一位股东都有一次表决权。

第二，组织方式不同。合作社的所有者、经营者、成员惠顾者是同一的，三者不分离。公司制企业的所有者与经营者是分离的，所有者对经营者的权力控制，需要严格的公司治理结构来解决。

第三，价值取向不同。合作社对成员不以营利为目的，对外营利也是为了成员的利益。公司以谋求资本利润最大化为目的。

第四，合作社的“退社自由”原则与公司制企业不同。合作社成员可以退社，但出资额不转让。公司制企业的股东在公司登记后，不得抽回出资但可以转让。

第五，在注册登记条件、内部治理结构等方面，公司制企业比合作社严格、复杂。

3. 与社区性集体经济组织的区别。农民专业合作社与社区性集体经济组织在产权关系、治理结构、分配制度等方面有明显的区别：

第一，社区性集体经济组织的财产关系是单一的集体所有制，这种集体财产是“共同共有”还是“按份共有”，在人民公社时期是不清楚的。农村改革以后，一些地方对社区性集体经济组织财产关系的改革仍在探索。农民专业合作社的财产关系从一开始就是清晰的，社员的出资及增值收益始终是社员个人的权益，如果合作社破产或解散，社员享有的财产份额仍然可以退还。

第二，社区性集体经济组织的内部治理机制不民主。农民专业合作社是“民主控制”，控制程序也是民主的，内部治理机制是通过法律和章程规定的。

第三，社区性集体经济组织的分配重视劳动过程，实际上搞成了“大锅饭”。农民专业合作社的分配重视劳动结果，体现了多劳多得。

4. 与社会团体的区别。农民专业合作社与社会团体的根本区别是能否从事营利性活动。前者可从事经营性活动，后者收取费用受到限制且不得在会员中分配。实践中，有些社会团体在从事业务活动中也收取了一定费用，但在民法理论上不视作营利。民法理论的营利，是指从事经营活动并将所获得的利益分配给成员。法人营利而未为其成员营利，不视作营利活动。目前，农村中大量存在的农村专业技术协会（以下简称农技协），是社团性质的组织，在为农民运用科技等方面，提供了大量服务，发挥了很好的作用，一些农民专业合作社的前身就是农技协。

◉ 农民专业合作社如何开展信用合作?

2008 年中共中央开创性地提出有条件的农民专业合作社可以开展信用合作，农民首次获得了自主发展金融的权利。以此为重要开端，之后每年的中央一号文件都鼓励有序开展相关业务。2019 年财政部会同农业农村部等五部门印发指导意见，紧抓“金融服务乡村振兴”这一主题，强调支持稳妥开展农民合作社内部信用合作试点。2020 年的中央一号文件继续延续往年基调，并在“稳妥”之后又添“规范”二字。这一系列政策文件的鼓励与支持，体现了党中央加快创新农村金融服务的决心，农民合作社内部信用合作也因此取得了突破性的进展，合作社的金融服务能力和核心凝聚力不断增强，社员频繁、小额的资金需求得到了有效的满足，农村零散、闲置的资金得到了合理的利用。这显著改善了农村金融生态，增加了农民的收入，在一定程度上促进了农村地区的经济发展，进而为整个国民经济的平稳运行注入了一剂强心剂。

合作社开展内部信用合作主要是以“专业合作＋资金合作”的形式，即合作社并不主要经营信贷活动，只是将合作社的闲置资本（资金）、社员的闲置资金聚集起来，在社员之间进行互助性借贷。换言之，在这种形式中，合作社开展信用合作主要不是为了信贷，而是为了农产品生产经营，实际上是在专业合作或产业合作的基础上开展信用合作或资金互助。

合作社开展内部信用合作要注意遵守以下四项原则：一是“对内不对外”。资金互助对象必须严格限于合作社内部成员，非本社成员决不允许入股或向互助金借款。二是“吸股不吸储”。参加资金互助的成员只能以入股的方式加入，以其所入股金对互助金运营的风险承担相应责任。三是“分红不分息”。对于入股互助金的成员不能设置类似利息的固定回报，仅能以其所入股金享受分红。四是“围绕产业发展”。借款用途只能用于成员发展生产，必须限于与本合作社生产经营活动相关的用途。

贰

第二编 登记注册

◉ 如何召开农民专业合作社设立大会?

根据《中华人民共和国农民专业合作社法》的规定，设立农民专业合作社应当召开由全体设立人参加的设立大会。设立时自愿成为该农民专业合作社成员的人，即为设立人，参加设立大会。召开设立大会就是为了决定设立农民专业合作社的有关事项，以使农民专业合作社能够及时登记，依法成立。

1. 设立大会的召开与参加人。召开设立大会，应当在设立大会召开之前的一定期限内，将举行设立大会的日期、议程等事项，及时通知所有设立人。在通知确定的日期举行设立大会时，应当对出席设立大会的设立人进行核对，确认其设立人资格。需要注意的是，设立大会必须由全体设立人参加，方可举行。设立人是自然人的，无法出席会议可以委托他人出席，但应当向设立大会提交书面委托书；设立人是法人等组织的，出席人应当向设立大会提交法人授权其出席的书面证明。

2. 设立大会的职权。设立大会行使三项职权：

（1）通过章程。设立大会的一项主要职权，就是通过农民专业合作社章程，即制定章程。法律特别明确地规定，农民专业合作社章程应当由全体设立人一致通过。

（2）选举产生理事长、理事、执行监事或者监事会成员。

（3）审议其他重大事项。对农民专业合作社设立过程中的一些关系重大、涉及全体设立人权益的事项，如设立费用等，进行审议。

◉ 农民专业合作社的注册登记包括哪些事项？需要提交哪些材料？

农民专业合作社的注册登记机关是市场监管部门。农民专业合作社的登记，采取地域登记管辖和级别登记管辖相结合的原则，即县（旗）、县级市市场监管部门和地区（州、盟）、地级市市场监管部门的分局，以及直辖市市场监管部门的分局，负责本辖区内农民专业合作社的注册登记。

国家市场监督管理总局负责全国性的农民专业合作社的注册登记管理工作，主要是制定有关农民专业合作社登记管理的规定及制度。此外，国家市场监督管理总局可以对规模较大或者跨地区的农民专业合作社的注册登记管辖作出特别规定。这主要是为经营规模较大或者跨地区经营的农民专业合作社的注册登记管辖保留适当的调整空间，国家市场监督管理总局可以采取指定注册登记管辖原则对其作出特别规定。省级市场监督管理局、地市级市场监督管理局依据自己的职权，负责本辖区内农民专业合作社的注册登记管理工作。

依据《农民专业合作社法》，农民专业合作社办理营业执照必须提交下列材料：

1. 登记申请书；
2. 全体设立人签名、盖章的设立大会纪要；
3. 全体设立人签名、盖章的章程；
4. 法定代表人、理事的任职文件及身份证明；
5. 出资成员签名、盖章的出资清单；
6. 住所使用证明；
7. 法律、行政法规规定的其他文件。

◉ 农民专业合作社办理营业执照须经过哪些程序？

依据《农民专业合作社法》和《市场主体登记管理条例》的规定申请农业合作社营业执照流程如下：

1. 召开设立大会，选举理事会、监事会及理事长、监事长等；起草章程、确定合作社名称、住所、注册资本、营业范围等；

2. 授权代理人到当地的县工商局办理合作社设立登记手续，材料合规当场办理，颁发营业执照；

3. 到县公安局指定的刻字店刻制合作社公章；

4. 到税务局办理税务登记证；

5. 到银行办理开户许可证，将对公账号报税务局。

◉ 农民专业合作社除办理营业执照外还须办理哪些相关手续？

农民专业合作社辅导员还需积极指导帮助农民专业合作社办理税务登记证、合作社公章以及银行账户等其他相关手续。

1. 税务登记证。

办理部门：国家及地方税务局。

办理依据：《税务登记管理办法》。

提交材料：（1）法人营业执照副本及复印件；（2）组织机构统一代码证书副本及复印件；（3）法定代表人（负责人）居民身份证或者其他证明身份的合法证件的复印件；（4）经营场所房屋产权证书复印件；（5）成立章程或协议书复印件。

费用情况：2009 年中央一号文件明确规定，将农民专业合作社纳入税务登记系统，免收税务登记工本费。

注意事项：（1）合作社应当自领取营业执照之日起30日内申报办理税务登记，未按照规定期限申报办理者，可处2000元以下的罚款；（2）税务登记证定期验证、换证和年检，1年验证1次，3年更换1次。

2. 合作社公章。

办理部门：公安局。

办理依据：《公安部印章管理办法》。

提交材料：合作社法人营业执照复印件、法人代表身份证复印件、经办人身份证复印件。

费用情况：刻章费，根据材料不同，几十元到一百余元不等。

注意事项：目前规定合作社需要的公章有行政章、财务专用章、法人代表章共3枚。

3. 银行账户。

办理部门：任意一家商业银行、农村信用社。

办理依据：中国人民银行发布的《银行账户管理办法》。

提交材料：（1）法人营业执照正、副本及复印件；（2）组织机构代码证正、副本及复印件；（3）农民专业合作社法定代表人的身份证及复印件；（4）经办人员身份证明原件、相关授权文件；（5）税务登记证正、副本及复印件；（6）合作社公章和财务专用章及法人代表名章。

费用情况：不收费。

注意事项：在银行办理完账户后，如需通过银行报税，须提交账户到所在地的税务局，并与银行、税务局签订三方协议，也可不通过银行，直接到税务局报税。

◉ 农民专业合作社章程包括哪些内容?

制定章程是合作社设立的必要条件和必经程序之一。章程必须经全体设立人一致通过才能形成。章程应当采用书面形式,全体设立人在章程上签名或盖章。加入农民专业合作社的成员必须遵守农民专业合作社章程。农民专业合作社章程是农民专业合作社在法律法规和国家政策规定的框架内,由本社的全体成员根据本社的特点和发展目标制定的,并由全体成员共同遵守的行为准则。根据《农民专业合作社法》的规定,设立农民专业合作社,应当向工商行政管理部门提交由全体设立人签名、盖章的章程。作为农民专业合作社设立时,必须向登记机关提交的法律文件之一,章程具有明确的法律地位和作用。章程是全体设立人制定并签署的重要法律文件,是调整农民专业合作社成员之间权利义务关系和合作社内部组织机制、利益机制、决策机制等重要内容的契约性文件,是成员之间平等协商后自愿确定的合作社内部的“宪法”。

根据《农民专业合作社法》第十五条规定,农民专业合作社章程应当载明下列事项:

(一)名称和住所;

(二)业务范围;

(三)成员资格及入社、退社和除名;

(四)成员的权利和义务;

(五)组织机构及其产生办法、职权、任期、议事规则;

(六)成员的出资方式、出资额,成员出资的转让、继承、担保;

(七)财务管理和盈余分配、亏损处理;

(八)章程修改程序;

（九）解散事由和清算办法；

（十）公告事项及发布方式；

（十一）附加表决权的设立、行使方式和行使范围；

（十二）需要载明的其他事项。

◉ 农民专业合作社名称选定要注意哪些问题?

农民专业合作社的名称即农民专业合作社的名字，是指农民专业合作社在生产经营活动中用以相互区别的固定称呼，是农民专业合作社人格化、特定化的标志，是农民专业合作社设立、登记并开展经营活动的必要条件。任何农民专业合作社都必须有自己的名称，以保证生产经营活动的顺利进行，维护社会经济秩序。农民专业合作社的名称应当体现本社的经营内容和特点，并符合农民专业合作社法及其他法律和行政法规的规定。农民专业合作社名称经过登记机关登记后，就成为农民专业合作社的法定名称，它是该农民专业合作社区别于其他农民专业合作社以及其他组织的标志。

农民专业合作社名称依次由行政区划、字号、行业、组织形式组成。名称中的行政区划是指农民专业合作社住所所在地的县级以上（包括市辖区）行政区划名称。名称中的字号应当由 2 个以上的汉字组成，但不得使用县级以上行政区划名称作字号。名称中的行业用语应当反映农民专业合作社的业务范围或者经营特点。名称中的组织形式应当标明“专业合作社”字样。名称中不得含有“协会”“促进会”“联合会”等具有社会团体法人性质的字样。

农民专业合作社只准使用 1 个名称，在登记机关辖区内不得与已登记注册的同行业农民专业合作社名称相同。经登记机关依法登记的农民专业合作社名称受法律保护，该农民专业合作社在规定的范围内享有其名称的专用权。农民专业合作社名称未经登记机关核准，不得擅自变更。

农民专业合作社需要名称预先核准，应当在设立登记前向登记机关申请农民专业合作社名称预先核准。农民专业合作社申请名称预先核准，应当向其住所所在地的登记机关提交下列材料：全体设立人指定代表或者委托代理人签署的《农民专业合作社名称预先核准申请书》；全体设立人签署的《指定代表或者共同委托代理人的证明》。

《农民专业合作社名称预先核准申请书》共2页：申请书、填写须知。申请书应当填写农民专业合作社的名称及备选名称，农民专业合作社业务范围、住所，设立人的姓名或名称，成员类型，证照类别及号码。登记机关准予名称预先核准的，出具《农民专业合作社名称预先核准通知书》。属于登记前置许可的，申请者应当以登记机关核准的名称报送有关部门批准。

此外，按照《农民专业合作社登记管理条例》规定，农民专业合作社名称参照《企业名称登记管理规定》中的相关要求。

《企业名称登记管理规定》（节选）

第五条　企业名称应当使用规范汉字。民族自治地方的企业名称可以同时使用本民族自治地方通用的民族文字。

第六条　企业名称由行政区划名称、字号、行业或者经营特点、组织形式组成。跨省、自治区、直辖市经营的企业，其名称可以不含行政区划名称；跨行业综合经营的企业，其名称可以不含行业或者经营特点。

第七条　企业名称中的行政区划名称应当是企业所在地的县级以上地方行政区划名称。市辖区名称在企业名称中使用时应当同时冠以其所属的设区的市的行政区划名称。开发区、垦区等区域名称在企业名称中使用时应当与行政区划名称连用，不得单独使用。

第八条　企业名称中的字号应当由两个以上汉字组成。

县级以上地方行政区划名称、行业或者经营特点不得作为字号，另有含义的除外。

第九条　企业名称中的行业或者经营特点应当根据企业的主营业务和国民经济行业分类标准标明。国民经济行业分类标准中没有规定的，可以参照行业习惯或者专业文献等表述。

第十条　企业应当根据其组织结构或者责任形式，依法在企业名称中标明组织形式。

第十一条　企业名称不得有下列情形：

（一）损害国家尊严或者利益；

（二）损害社会公共利益或者妨碍社会公共秩序；

（三）使用或者变相使用政党、党政军机关、群团组织名称及其简称、特定称谓和部队番号；

（四）使用外国国家（地区）、国际组织名称及其通用简称、特定称谓；

（五）含有淫秽、色情、赌博、迷信、恐怖、暴力的内容；

（六）含有民族、种族、宗教、性别歧视的内容；

（七）违背公序良俗或者可能有其他不良影响；

（八）可能使公众受骗或者产生误解；

（九）法律、行政法规以及国家规定禁止的其他情形。

第十二条　企业名称冠以“中国”“中华”“中央”“全国”“国家”等字词，应当按照有关规定从严审核，并报国务院批准。国务院市场监督管理部门负责制定具体管理办法。

企业名称中间含有“中国”“中华”“全国”“国家”等字词的，该字词应当是行业限定语。

使用外国投资者字号的外商独资或者控股的外商投资企业，企业名称中可以含有“（中国）”字样。

第十三条　企业分支机构名称应当冠以其所从属企业的名称，并缀以“分公司”“分厂”“分店”等字词。境外企业分支机构还应当在名称中标明该企业的国籍及责任形式。

第十四条　企业集团名称应当与控股企业名称的行政区划名称、字号、行业或者经营特点一致。控股企业可以在其名称的组织形式之前使用“集团”或者“（集团）”字样。

第十五条　有投资关系或者经过授权的企业，其名称中可以含有另一个企业的名称或者其他法人、非法人组织的名称。

◉　农民专业合作社住所的要求是什么？

农民专业合作社的住所，是指法律上确认的农民专业合作社的主要经营场所。住所是农民专业合作社注册登记的事项之一，合作社变更住所，必须办理变更登记。经登记机关登记的农民专业合作社的住所只能有1个。农民专业合作社的住所应当在登记机关管辖区域内。确定法人组织的住所，既是为了交易的便利，也是确立法律事实、法律关系和法律行为发生地的重要依据，如相关司法文书的送达，往往以住所地作为生效地。住所地的确定，需要由农民专业合作社的全体成员通过章程决定。从农民专业合作社的组织特征、服务内容出发，其住所可以是专门的场所，也可以是某个成员的家庭住址。

◉ 农民专业合作社可以经营哪些业务？能够从事业务范围以外的经营活动吗？

农民专业合作社可以开展以下一种或者多种业务：

（1）农业生产资料的购买、使用。

（2）农产品的生产、销售、加工、运输、贮藏及其他相关服务。

（3）农村民间工艺及制品、休闲农业和乡村旅游资源的开发经营等。

（4）与农业生产经营有关的技术、信息、设施建设运营等服务。

农民专业合作社从事生产经营活动，应当遵守法律，遵守社会公德、商业道德，诚实守信，不得从事与章程规定无关的活动。农民专业合作社应当在市场监督管理机关注册登记的业务范围内开展经营活动。对从事业务范围以外经营活动的农民专业合作社，由登记机关责令改正；情节严重的，吊销营业执照。

◉ 农民专业合作社在经营地域上受限制吗？可否跨地区经营？

农民专业合作社没有经营地域的限制，既可以在农村，也可以在城市，还可以跨地区开展经营活动。但是，应当在经营活动所在地工商行政管理机关办理农民专业合作社分支机构登记。

◉ 农民专业合作社如何进行变更登记？

根据《市场主体登记管理条例》，农民专业合作社的名称、住所、成员出资总额、业务范围、法定代表人姓名发生变更的，应当自做出变更决定之日起30日内向原登记机关申请变更登记。

◉ 农民专业合作社如何进行合并？

农民专业合作社合并，是指两个或者两个以上的农民专业合作社通过订立合并协议，合并为1个农民专业合作社的法律行为。一般是为了某种共同的经营目的，如扩大生产经营规模、更好地为成员服务、开发服务项目等，合并组成为1个合作社的情形。

农民专业合作社合并根据形式可分为两类：一是创设式合并，指2个以上的社归并组成1个新社，而原有的社归于消灭的合并方式；二是吸收式合并，指1个以上的社归并于其他社，归并后只有1个社存续、被归并社均告消灭的合并方式。

合作社合并不仅涉及全体成员的利益，而且涉及债权人等相关者的利益，因此，合作社合并必须依照法定程序进行。

1. 订立合并协议。参与合并的合作社各方，通常先由理事会代表各自的合作社签订合并协议。由于合作社合并须经成员大会特别决议方能进行，故理事会代表各自合作社签订的合并协议未经各自成员大会以特别决议方式通过是不能生效的。因此，这种合并协议是附条件协议，协议中必须明确：协议未经各自合作社成员大会决议通过，不发生法律效力。

2. 通过合并协议。理事会代表各自合作社签订的合并协议，须经各自合作社成员大会以特别决议方式通过，方能发生法律效力。

但需要明确几点：其一，如果合并的结果加重了成员的责任，比如提高了每股金额等，那么，未经成员本人同意，对其不产生约束力；其二，对合并协议持有异议的成员，可以退出原合作社；其三，若参与合并的合作社有一方成员大会对合并协议决议不通过，除非有特别约定，否则原各方签订的合并协议即归于无效。

3. 编制资产负债表与财产清单。合并协议经各自成员大会决议通过后，参与合并的各方即应编制资产负债表及财产清单，并经审计部门审计确认。这些资产负债表、财产清单及审计部门出具的审计报告应当备置于合作社，以供合作社成员及其债权人查阅。

4. 通知债权人。合作社进行生产经营，不可避免地会对外产生债权债务。合作社合并后，至少有 1 个合作社丧失法人资格，而且存续或者新设的合作社也与以前的合作社不同，对于合作社合并前的债权债务，必须要有人承继。为了保护债权人的利益，农民专业合作社法第四十六条规定，农民专业合作社合并，应当自合并决议作出之日起 10 日内通知债权人。合并各方的债权、债务应当由合并后存续或者新设的组织承继。

5. 实施合并。合并协议经参与合并各方成员大会决议通过后即发生法律效力，但是，合并协议发生法律效力并不等于参与合并的各方已经合并。参与合并的各合作社必须经过特定的合并行为，方能完成合并。在吸收合并中，消灭合作社的成员应当办理加入存续合作社手续，并应当迅速召集合并之后的成员大会，报告合并事项，有修改合作社章程必要的，应当进行修改，召开成员大会后，参与合并的各方合作社应当被视为已经合并。在新设合并中，应当推选专人起草合作社章程，召开创立大会，在创立大会完成后，参与合并的各方合作社应当被视为已经合并。

6. 合并登记。合作社合并后，应当及时申请登记。这里所说的登记包括三种情况：第一，合并后存续的合作社，应当申请办理变更登记；第二，合并后消灭的合作社，应当申请办理注销登记；第三，合并后新设的合作社，应当申请办理设立登记。

◉ 农民专业合作社如何进行分立？

农民专业合作社的分立，是指1个农民专业合作社分成2个或者2个以上的农民专业合作社的法律行为。根据形式不同，分立可以分为两类：一是创设式分立，即解散原社，将其分设为2个以上的新社；二是存续式分立，即对原社予以留存，而将其中的一部分或几部分分立出去组成1个或几个新社的情形。因分立注销原社的，其权利应由分立后的各社享有。存续式农民专业合作社的分立，其权利义务关系则应以分立合同的约定或者章程的规定留存或由新社承继。

为了确保成员及利益相关者的合法权益，合作社分立需要按照法定程序进行，这些程序主要包括：

1. 通过分立决议。合作社的分立必须经成员大会以特别决议的方式通过。至于合作社分立的议案，可以由理事会主动提出，也可以由一定比例的成员申请理事会提出。由成员大会通过分立决议是分立程序的第一步。

2. 签订分立协议。分立各方必须签订分立协议，就成员安排、分立形式、财产分割方案、债权债务承继方案、违约责任、争议解决方式以及分立各方认为需要规定的其他事项进行约定。分立协议应当自分立各方签订之日起生效，分立各方另有约定的除外。

3. 编制资产负债表和财产清单。分立协议生效后，原合作社即应编制资产负债表与财产清单，并经审计部门审计确认。这些资产负债表、财产清单及审计部门出具的审计报告应当备置于合作社，以供成员及其债权人查阅。

4. 通知债权人。农民专业合作社法第四十七条规定，农民专业合作社分立，其财产作相应的分割，并应当自分立决议作出之日起10日内通知债权人。分立前的债务由分立后的组织承担连带责任。但是，在分立前与债权人就债务清偿达成的书面协议另有约定的除外。农民专业合作社的分立一般会影响债权人的利益，根据农民专业合作社法规定，合作社分立前债务的承担有以下两种方式：一是按约定办理。债权人与分立的合作社就债权清偿问题达成书面协议的，按照协议办理。二是承担连带责任。合作社分立前未与债权人就清偿债务问题达成书面协议的，分立后的合作社承担连带责任。债权人可以向分立后的任何一方请求自己的债权，要求履行债务。被请求的一方不得以各种非法定的理由拒绝履行偿还义务。否则，债权人有权依照法定程序向人民法院起诉。

5. 实施分立。分立协议发生法律效力并不等于合作社已经分立。分立各方必须通过实施特定的分立行为，方能完成分立。在存续分立中，新设合作社应当推选专人起草合作社章程，召开创立大会。原合作社也应当迅速召开分立后的成员大会，报告分立事项。有修改合作社章程必要的，应当进行修改。新设合作社创立大会与原合作社成员大会后，分立各方应当被视为已经分立。原合作社应当按照分立协议约定向新设合作社交付财产，并办理债权债务承继手续。

需要进行财产登记的，新设合作社成立后应及时办理登记手续。在新设分立中，各新设合作社应当推选专人起草合作社章程，召开创立大会。创立大会后，分立各方应当被视为已经分立。新设各合作社也应当按照分立协议约定，对原合作社财产进行分割，并办理债权债务承继手续，需要进行财产登记的，新设合作社成立后应当及时办理财产登记手续。

6. 分立登记。合作社分立后，应当及时申请登记。这里所说的登记包括三种情况：其一，分立后存续的原合作社，应当申请办理变更登记。其二，分立后消灭的原合作社，应当申请办理注销登记。其三，分立后新设的合作社，应当申请办理设立登记。

◉　农民专业合作社可以设立分支机构吗？

农民专业合作社设立分支机构，应当向分支机构所在地的登记机关申请登记。分支机构的登记，比照《市场主体登记管理条例》的有关规定，向分支机构所在地登记机关申请办理登记。

◉　农民专业合作社如何进行解散？

农民专业合作社解散，是指合作社因发生法律规定的解散事由而停止业务活动，最终使法人资格消灭的法律行为。其法律特征：一是合作社解散的目的和结果是要终止合作社法人主体资格；二是合作社解散不等于合作社消灭，只有合作社登记机关的注销行为才会直接导致合作社消灭；三是为了维护交易安全并保障成员与债权人的权益，除合作社因合并与分立而解散外，其余解散必须经过法定清算程序，才能消灭合作社。

依据解散是否属于合作社自身的意思表示，可将合作社解散分为自愿解散与强制解散两类，它们各自的解散原因及解散的法律效果如下：

1. 自愿解散。自愿解散，是指合作社依据章程或者成员大会决议而解散。这种解散属于合作社自己的意思表示，与外在因素无关，取决于合作社成员的意志。自愿解散的原因主要有：

（1）合作社章程规定的解散事由出现。通常指合作社约定的存续期限届满，成员大会未形成继续存在决议而解散。一般来说，解散事由是合作社章程的必要记载事项，合作社的设立大会在制定合作社章程时，可以预先约定合作社的各种解散事由，如合作社的存续期间、完成特定业务活动等。如果在合作社经营中，规定的解散事由出现，成员大会或者成员代表大会可以决议解散合作社。如果此时不想解散，可以通过修改章程的办法，使合作社继续存续，但这种情况应当办理变更登记。

（2）成员大会决议解散。成员大会是合作社的权力机构，根据农民专业合作社法的规定，它有权对合作社的解散事项作出决议。《农民专业合作社法》第三十条规定，农民专业合作社召开成员大会，作出解散的决议“应当由本社成员表决权总数的三分之二以上通过。章程对表决权数有较高规定的，从其规定”。成员大会决议解散合作社，不受合作社章程规定的解散事由的约束，可以在合作社章程规定的解散事由出现前，根据成员的意愿决议解散合作社。合作社作为成员自愿、自治的组织，可按成员大会决议而解散。由于合作社解散涉及多方面的利益关系，需要慎重对待，因此，合作社解散需要成员大会特别决议。

（3）成员人数少于法定最低人数。农民专业合作社法有最低法定成员人数的限制，合作社在运行中，如果成员人数少于最低法定人数，那么，合作社就丧失了存在的法定要件，当然应当解散。

（4）合作社合并。在吸收合并中，被吸收的合作社应当解散；在新设合并中，合并各方均应当解散。

（5）合作社分立。当合作社分立时，如果原合作社存续则不存在解散问题；如果原合作社分立后不再存在时，则原合作社应当解散。合作社的合并、分立应由成员大会作出决议。

2. 强制解散。强制解散，是指根据国家行政部门的决定或者人民法院的判决而发生的解散。这种解散不是合作社自己的意思表示，而是外在意思的结果。强制解散的原因主要有：

（1）破产。农民专业合作社是具有法人地位的经济组织。根据农民专业合作社法规定，农民专业合作社破产适用《中华人民共和国企业破产法》的相关规定。当合作社不能清偿到期债务，并且资产不足以清偿全部债务或者明显缺乏清偿能力时，合作社及其债权人均可以向人民法院提出破产清算申请；合作社已解散但未清算或者未清算完毕，资产不足以清偿债务的，依法负有清算责任者应当向人民法院申请破产清算。这里所说的负有清算责任者有两种情况：自行解散，负有清算责任者是成员或成员大会确定的人员；被责令关闭解散，负有清算责任者是合作社主管部门。

（2）行政解散。行政解散属于行政处罚的方式，是指合作社违反法律、行政法规而被行政主管机关依法责令解散。换言之，当合作社营运严重违反了市场、劳动、环境保护等法律法规与规章时，为了维护市场秩序，有关主管机关可以作出吊销营业执照、责令关闭或者撤销主体资格等决定，从而解散合作社。例如，依法被吊销营业执照或者被撤销。依法被吊销营业执照，是指依法剥夺被处罚合作社已经取得的营业执照，使其丧失合作社经营资格。被撤销，是指由行政机关依法撤销农民专业合作社登记。如《农民专业合作社法》第七十条规定，农民专业合作社向登记机关提供虚假登记材料或者采取其他欺诈手段取得登记的，由登记机关责令改正，可以处五千元以下罚款；情节严重的，撤销登记。当合作社违反法律、行政法规被吊销营业执照或者被撤销的，应当解散。

（3）司法解散。合作社的司法解散，是指合作社经营管理发生严重困难，继续存续会使成员利益蒙受重大损失，通过其他途径不能解决的，合作社一定比例以上（一般不能少于10人）成员，可以请求人民法院解散合作社。

合作社一经解散即不能再以合作社的名义从事经营活动，并应当进行清算。合作社清算完结，其法人资格消灭。但是，并非所有的合作社解散必须清算，例如依照《农民专业合作社法》第四十六条规定，因合作社合并或者分立需要解散的，其债权债务全部由合并或者分立后存续或者新设立的组织承继，因此不需要成立清算组进行清算。

◉ 农民专业合作社如何进行清算？

1. 农民专业合作社清算的含义。合作社清算，是指农民专业合作社解散后，依照法定程序清理合作社债权债务，处理合作社剩余财产，使合作社归于消灭的法律行为。法人终止，应当依法进行清算，停止清算范围外的活动。清算是为了保护合作社成员和债权人的利益，除合作社合并、分立两种情形外，合作社解散后都应当依法进行清算。

2. 清算的工作内容。合作社的解散清算工作，因经营状况和经营内容等不同而有差异，但从农民专业合作社法第六章规定的清算组职责和有关事项处置程序上理解，其主要业务工作内容包括以下几个方面：

（1）按程序成立清算组并明确清算职责。清算组成立的途径有两条：一是自行推选清算组。当合作社解散事由出现，应当在解散事由出现之日起 15 日内由成员大会推举成员组成清算组，对合作社的解散进行清算。二是由人民法院指定清算组。合作社解散时，在《农民专业合作社法》规定的期限内，因一时难以找到合适人选等原因，不能及时自行组成清算组时，由成员、债权人向人民法院申请，由人民法院指定成员组成清算组。

清算组从成立之日起全权接管合作社，负责所有清算事宜。清算组属临时性工作机构，其实际职责只在合作社决定解散时才予行使，清算结束后，自动终止解散。清算组在清算期间，主要负责制定清算清偿方案，并报成员（代表）大会审议通过，清理处置财产及债权，清偿法定债务，编制资产负债表和财产清单，处理未了财务事项，分配剩余财产等职责。另外，成员大会在推举清算组成员时，应当充分考虑吸收或保留一定比例的财务会计人员参加，以便业务操作。

（2）界定清算财产范围。清算财产包括宣布清算时，合作社账内账外的全部财产以及清算期间取得的资产等，都应当列入清算财产一并核算。但为保证清算规范和清算兑现，对已经依法作为担保物的财产相当于担保债务的部分，不能再列入清算财产。另外，为规范清算工作，保全合作社债权人与债务人的合法权益，避免以后发生误会或矛盾纠纷，在宣布经营终止前一定日期（如规定6个月或3个月等）至经营终止之日的期间内，如发生隐匿私分或者无偿转让财产、压价处理财产、增加债务担保、提前清偿未到期的债务、随意放弃债权等财务行为的，应视为无效，涉及资产应作为清算财产入账。清算期间未经清算小组同意，不得处置合作社财产。

（3）计算清算财产价值。对清算财产应进行合理作价，防止“图省事，估大堆”，要为清偿分配打下好的基础。根据会计客观性原则和权责发生制原则，对清算财产一般以账面净值或者变现收入等为依据计价，也可以重估价值或按聘请专业机构评估的结果为依据计价。但应注意，只要能够保障合作社清算工作顺利进行，各方当事人意见能够协调一致，就不必采取评估方式计价，以尽量简化工作程序，节约清算成本。合作社解散清算中发生的财产盘盈或者盘亏，财产变价净收入，因债权人原因确实无法归还的债务，确实无法收回的债权，以及清算期间的经营收益或损失等，全部计入清算收益或者清算损失。

（4）确定财产清偿分配顺序。合作社进行解散清算中不产生共益债务，所以，在清算财产及收益确定后，依照惯例应首先拨付清算费用。然后按照《农民专业合作社法》第四十九条规定的顺序，分配清偿相关的债务和应付款项，最后向成员分配清算完毕后的剩余财产。但清算资产不足以清偿债务的，应经依法申请破产转为破产清算。

3. 清算的工作程序。因章程规定的解散事由出现、成员大会决议解散或者依法被吊销营业执照、被撤销等原因解散的，应当在解散事由出现之日起 15 日内由成员大会推举成员组成清算组，开始解散清算。逾期不能组成清算组的，成员、债权人可以向人民法院申请指定成员组成清算组进行清算，人民法院应当受理该申请，并及时指定成员组成清算组进行清算。清算组，是指在合作社清算期间负责清算事务执行的法定机构。合作社一旦进入清算程序，理事会、理事、经理即应停止执行职务，而由清算组行使管理合作社业务和财产的职权，对内执行清算业务，对外代表合作社。清算组自成立之日起接管农民专业合作社，负责处理与清算有关未了结业务，清理财产和债权、债务，分配清偿债务后的剩余财产，代表农民专业合作社参与诉讼、仲裁或者其他法律程序，并在清算结束时办理注销登记。清算组成员应当忠于职守，依法履行清算义务，因故意或者重大过失给农民专业合作社成员及债权人造成损失的，应当承担赔偿责任。农民专业合作社清算工作的程序是：

（1）清算人员选任登记。清算人员被选任后，应当将清算人员的姓名、住址等基本情况及其权限向注册登记机关登记备案。非经登记，不能享有对抗第三人。首次确定的清算人员及其权限应当由合作社理事会申请登记，更换清算人员与改变清算人员权限应当由合作社清算组申请登记。人民法院任命或者解任清算人员的登记，也应当依此规定进行。

（2）处理合作社未了结事务。合作社未了结事务，是指合作社解散的时候尚未了结的事务，一般指经营事务。为处理未了结事务，清算中的合作社也可以与第三者发生新的法律关系。

（3）通知、公告合作社成员和债权人。合作社在解散清算时，由清算组通知本社成员和债权人有关情况，通知公告债权人在法定期间内申报自己的债权。为了顺利完成债权登记、债务清偿和财产分配，避免和减少纠纷，农民专业合作社法对清算组通知、公告合作社成员和债权人的期限和方式作了限定：清算组应当自成立之日起 10 日内通知本社成员和明确知道的债权人；对于不明确的债权人或者不知道具体地址和其他联系方式的，由于难以通知其申报权，清算组应自成立之日起 60 日内在报纸上公告，催促债权人申报债权。但如果在规定的期间内全部成员、债权人均已收到通知，则免除清算组的公告义务。债权人应在规定的期间内向清算组申报债权。具体来说，收到通知书的债权人应自收到通知书之日起 30 日内，向清算组申报债权；未收到通知书的债权人应自公告之日起 45 日内，向清算组申报债权。债权人申报债权时，应明确提出其债权内容、数额、债权成立的时间、地点、有无担保等事项，并提供相关证明材料，清算组对债权人提出的债权申报应当逐一查实，并作出准确翔实的登记。这里需要说明的是不能对债权人进行清偿。如果清算组在此期间对已经明确的债权人进行清偿，有可能造成后申报债权的债权人不能得到清偿，这是对其他债权人权利的严重侵害。

（4）提出清算方案由成员大会确认。清算方案是由清算组制定的如何清偿债务、如何分配合作社剩余财产的一整套计划。清算组在清理合作社财产，编制资产负债表和财产清单后，应尽快制定包括清偿农民专业合作社员工的工资及社会保险费用，清偿所欠税款和其他各项债务以及分配剩余财产在内的清算方案。清算组制定出清算方案后，应报成员大会通过或者人民法院确认。

（5）实施清算方案，分配财产。清算方案经农民专业合作社成员大会通过或者人民法院确认后实施。分配财产是清算的核心。清算方案的实施必须在支付清算费用、清偿员工工资及社会保险费用，清偿所欠税款和其他各项债务后，再按财产分配的规定向成员分配剩余财产。如果发现合作社财产不足以清偿债务的，清算组应当停止清算工作，依法向人民法院申请破产。参照我国《企业破产法》有关破产财产清偿顺序的规定，结合合作社的本质要求，农民专业合作社财产分配顺序应当是：支付清算费用和共益债务；支付合作社雇用人员工资和医疗、伤残补助、抚恤费用，所欠的应当划入雇员个人账户的基本养老保险、基本医疗保险费用以及法律、行政法规规定应当支付给雇员的补偿金；合作社欠缴的其他社会保险费用和所欠税款；清偿合作社债务，包括记入成员账户的成员与本社的交易额；按解散时各成员个人账户中记载的出资额和量化为该成员的公共积累份额之和的比例，或者按照合作社章程或成员大会的决议，分配剩余财产。合作社被宣告破产后，其清算程序应当比照我国企业破产法的规定进行，在此不作详细介绍。至于破产财产分配，则应当按照上述财产分配顺序进行。

（6）清算结束办理注销登记。这是清算组的最后一项工作，办理完合作社的注销登记，清算组的职权终止，清算组即行解散，不得再以合作社清算组的名义进行活动。

叁 第三编 组织机构

◉ 农民专业合作社成员大会如何产生？有哪些职权？

农民专业合作社成员大会是必设机构。成员大会由全体成员组成，是农民专业合作社的最高权力机构。成员大会负责选举和罢免理事、监事，以及修改合作社章程、决定合作社的重大经营方针等。理事、监事需要向成员大会负责。

1. 成员大会的召开。农民专业合作社成员大会是通过召开会议的形式来行使自己权力的。《农民专业合作社法》第三十一条规定，成员大会每年至少召开一次。成员大会依其召开时间的不同，分为定期会议和临时会议两种：

（1）定期会议。定期会议何时召开应当按照农民专业合作社章程的规定，如规定一年召开几次会议，具体什么时间召开等。

（2）临时会议。农民专业合作社在生产经营过程中可能出现一些特殊情况，需要由成员大会审议决定某些重大事项时，可以召开临时成员大会。《农民专业合作社法》第三十一条规定，符合下列三种情形之一的，应当在20日内召开临时成员大会：一是30%以上的成员提议。二是执行监事或者监事会提议。当执行监事或者监事会发现理事长、理事会或其他管理人员不履行职权，或者有违反法律、章程等行为，或者因决策失误，严重影响合作社生产经营等情形，应当履行监督职责，认为需要及时召开成员大会作出相关决定时，应当提议召开临时成员大会。三是章程规定的其他情形。

2. 成员大会的职权范围。《农民专业合作社法》第二十九条规定，农民专业合作社成员大会由全体成员组成，是本社的权力机构，行使下列职权：

（1）修改章程；

（2）选举和罢免理事长、理事、执行监事或者监事会成员；

（3）决定重大财产处置、对外投资、对外担保和生产经营活动中的其他重大事项；

（4）批准年度业务报告、盈余分配方案、亏损处理方案；

（5）对合并、分立、解散、清算，以及设立、加入联合社等作出决议；

（6）决定聘用经营管理人员和专业技术人员的数量、资格和任期；

（7）听取理事长或者理事会关于成员变动情况的报告，对成员的入社、除名等作出决议；

（8）公积金的提取及使用；

（9）章程规定的其他职权。

《农民专业合作社法》第三十条规定，农民专业合作社召开成员大会，出席人数应当达到成员总数三分之二以上。成员大会选举或者作出决议，应当由本社成员表决权总数过半数通过；作出修改章程或者合并、分立、解散的决议应当由本社成员表决权总数的三分之二以上成员通过。章程对表决权数有较高规定的，从其规定。

3. 成员代表大会。当合作社成员人数超过一定的数量，不易召集成员大会时，通常根据地域便利，分组举行会议，并依各组成员人数推选代表，出席成员代表大会。《农民专业合作社法》规定，"农民专业合作社成员超过一百五十人的，可以按照章程规定设立成员代表大会"。成员代表的选任应当由合作社章程予以明确规定，主要包括以下几条：第一，明确成员代表人数、任期及选举方法；第二，成员代表应当具备成员资格，非成员不能当选代表；第三，分组举行成员大会分会，并依各组成员人数推选代表；第四，成员代表的产生应当顾及成员的地区、业务种类；第五，选举成员代表时，实行一人一票制。成员代表大会设置的主要目的是便于召集，提高会议效率，是成员大会的一种变通方式，但是绝不能替代成员大会。根据《农民专业合作社法》规定，“成员代表大会按照章程规定可以行使成员大会的部分或者全部职权”。

◉　农民专业合作社理事会如何产生？有哪些职权？

农民专业合作社管理机制的核心是实行民主管理，理事会作为合作社的日常运行管理机构承担着重要作用。农民专业合作社理事会由章程载明的确定数量的理事组成，是合作社的业务执行机构，同时也是合作社的常设机构之一。对于合作社是否一定要设立理事会，农民专业合作社法并未作强制性规定，一般由合作社章程规定。如果合作社规模较小，成员人数很少，没有必要设立理事会的，由全体成员共同选举出一个理事长来负责合作社的经营管理工作即可。

1. 理事会（理事长）的产生。理事会（理事长）是成员（代表）大会的执行机构，由成员（代表）大会从本社成员中选举产生，依照《农民专业合作社法》和合作社章程的规定，行使职权，对成员（代表）大会负责。召开成员大会，出席人数应当达到成员总数的三分之二以上，成员大会选举理事长、理事会成员应当由本社成员表决权总数过半数通过，如果章程对表决权数有较高规定的，从其规定。理事长、理事的资格条件等，由合作社章程规定。但是，合作社的理事长、理事不得兼任业务性质相同的其他合作社的理事长、理事、监事。另外，农民专业合作社法明确规定，不管合作社的规模大小、成员多少，也不管合作社有无理事会，都要设理事长，理事长为本社的法定代表人。

2. 理事会的职权范围。农民专业合作社理事会行使的职权通常有：组织召开成员大会并报告工作，执行成员大会决议；制订本社发展规划、年度业务经营计划、内部管理规章制度等，提交成员大会审议；制订年度财务预决算、盈余分配和亏损弥补等方案，提交成员大会审议；组织开展成员培训和各种协作活动；管理本社的资产和财务，保障本社的财产安全；接受、答复、处理执行监事或者监事会提出的有关质询和建议；决定成员入社、退社、继承、除名、奖励、处分等事项；决定聘任或者解聘本社经理、财务会计人员和其他专业技术人员；履行成员大会授予的其他职权。

农民专业合作社的具体生产经营活动由理事会聘请的经理或理事会负责。合作社可以聘任经理，也可以不聘任经理；经理可以由本社成员担任，也可以从外面聘请。是否需要聘任经理，由合作社根据自身的经营规模和具体情况而定。《农民专业合作社法》第三十五条规定，农民专业合作社的理事长或者理事会可以按照成员大会的决定聘任经理。经理应当按照章程规定和理事长或者理事会授权，负责农民专业合作社的具体生产经营活动。因此，经理是合作社的雇员，在理事会的领导下工作，对理事会负责。经理由理事会决定聘任，也由其决定解聘。农民专业合作社的理事长或者理事可以兼任经理。理事长或者理事兼任经理的，也应当按照章程规定和理事长或者理事会授权履行经理的职责，负责合作社的具体生产经营活动。如果合作社不聘请经理，则由理事长或者理事会直接管理合作社的具体生产经营活动。

3. 理事长、理事利用职务便利损害合作社利益的处理办法。根据《农民专业合作社法》第三十六条规定，农民专业合作社的理事长、理事和管理人员不得有下列损害合作社利益的行为：

（1）侵占、挪用或者私分本社资产。这是因为，理事长、理事和管理人员利用自己分管、负责或者办理某项业务的权力或职权所形成的便利条件，将合作社资产侵占、挪作他用或者私分，必然会造成合作社资产的流失或者影响合作社正常的经营活动。

（2）违反章程规定或者未经成员大会同意，将本社资金借贷给他人或者以本社资产为他人提供担保。这是因为，这种个人行为往往给合作社的生产经营带来风险。法律禁止此种行为是对理事长、理事和管理人员的强制性约束。

（3）接受他人与本社交易的佣金归为已有。法律作出此项禁止性规定，是因为理事长、理事和管理人员代表合作社出售农产品或购买生产资料等，是履行应尽的职责，因此所接受他人支付的折扣、中介费用等佣金应当归合作社所有。

（4）从事损害本社经济利益的其他活动。法律作出此项禁止性规定，是因为合作社的理事长、理事和管理人员享有法律和合作社章程授予的参与管理合作社事务的职权，同时也对合作社负有忠实义务，在执行合作社的职务时，应当依照法律和合作社的章程行使职权，履行义务，维护合作社的利益。《农民专业合作社法》规定，理事长、理事和管理人员违反上述四项禁止性规定所得的收入，应当归本社所有；给本社造成损失的，应当承担赔偿责任；情节严重，构成犯罪的，还应当依法追究刑事责任。

◉ 农民专业合作社监事会如何产生？有哪些职权？

农民专业合作社监事会的产生及职权：

1. 监事会（执行监事）的产生。监事会（执行监事）是合作社的监督机关，对合作社的业务执行情况和财务进行监督。监事会是指由多人组成的团体担任的监督机关，执行监事是指仅由 1 人组成的监督机关。依照《农民专业合作社法》第三十三条规定，合作社可以设执行监事或者监事会。可见，监事会（执行监事）不是合作社的必设机构。当农民专业合作社成员人数较多时，可以专门设立监事会。由于监事会开展工作主要通过召开会议的方式来进行，故监事会会议表决实行一人一票制。因此，监事会由 3 人以上的单数组成，设主席 1 人，监事若干名，通过成员（代表）大会从本组织中选举产生。从我国各地的实践来看，大多数合作社监事会的主席、副主席除由本组织选举产生外，许多合作社还聘请相关领域的专家、学者担任，也有聘请当地的政府官员、村委会领导担任的。合作社如果不专门设立监事会，则可由成员（代表）大会在本组织成员中选举产生执行监事 1 人，兼职监事若干名。

监事会（执行监事）由成员（代表）大会从本社成员中选举产生，依照《农民专业合作社法》和本社章程的规定，行使职权，对成员（代表）大会负责。成员（代表）大会选举监事会（执行监事）成员应当由本社成员表决权总数过半数通过，如果章程对表决权数有较高规定的，从其规定。监事会（执行监事）成员的资格条件等，由合作社章程规定。为保证监察职能的发挥，理事不得为监事，曾任理事之成员，于其理事责任解除前不得当选为监事。

2. 监事会（执行监事）的职权范围。监事会（执行监事）对成员（代表）大会负责，其具体的职权和工作规则由合作社的章程具体规定。监事会（执行监事）通常具有下列职权：

（1）监督检查成员（代表）大会的执行情况。

（2）监督检查本组织开展业务经营活动的实绩。

（3）监督检查维护本组织成员合法权益的情况。

（4）监督检查本组织积累资产保值增值的情况。

（5）监督检查成员（代表）大会的决定聘任经营管理人员。

（6）听取经营管理人员的工作汇报。

（7）行使章程规定的其他职权。

农民专业合作社章程要具体明确监事会（执行监事）的工作规则，其主要内容包括：

（1）监事会（执行监事）的全体会议应当定期召开，由主席或执行监事召集和主持。

（2）在本组织成员（代表）大会闭会期间，监事会主席或执行监事有权列席理事会的全体会议。

（3）由监事会主席或执行监事向成员（代表）大会报告本会的工作。

（4）监事会成员平等地享有一票表决权，并且要遵守执行工作规则，注重加强沟通，切实相互配合，共同努力完成各项任务。

（5）必须将所议事项作出的决定记录在会议记录上，并由出席的监事会各位成员签名。

◉ 农民专业合作社理事长有哪些职责？

农民专业合作社理事长是合作社的法定代表人，具体行使下列职责：

1. 主持成员（代表）大会，召集并主持理事会会议。

2. 签署本社成员出资证明。

3. 签署聘任或者解聘本社经理、财务会计人员和其他专业技术人员聘书。

4. 组织实施成员（代表）大会和理事会决议，检查决议实施情况。

5. 代表本社签订协议、合同和契约等。

6. 主持本合作社的经营工作，组织实施理事会决议。

7. 组织实施本合作社年度经营计划和投资方案。

8. 拟订本合作社的经营管理制度。

9. 聘任或者解聘除应由理事会聘任或者解聘之外的经营管理人员或其他工作人员。

10. 理事会授予的其他职权。

◉ 农民专业合作社如何聘用工作人员？

依据《农民专业合作社法》第二十九条第六项规定，“决定聘用经营管理人员和专业技术人员的数量、资格和任期”应由农民专业合作社成员（代表）大会决定。

一般来说，合作社的工作人员，主要是指专门聘任的经理、副经理和聘用的财务会计等专业技术人员。合作社选聘工作人员的途径主要有两条，一条途径是从合作社外部选拔。外部选聘的方式和来源也有很多，如通过人才市场选聘，加强与科研部门、高校联系合作，从中发现和挖掘人才。不管用哪种方式选拔人才，都要遵循一般的选聘流程。第一，确定用人标准，明确拟选聘人员的岗位与数量，以及其履行职责所需要掌握的知识、技能和经验等要求；第二，实行公开招聘，采用多种形式，向社会公布招聘工作人员的综合性信息，热情做好应聘人员的接待工作，明确告知参加笔试、面试等考核的内容安排和具体地点、时间；第三，组织具体考核，按照履行岗位职责的综合素质要求，由理事会或理事会指定的专人负责，组成专门班子，对应聘者进行考查；第四，决定录用人员，召开理事会会议，听取对应聘者考核情况的汇报，经过充分商议以后，最终从候选名单中确定具体录用人员；第五，办理录用手续，根据理事会的决定，公布录用人员名单，依照有关法律、法规与其签订录用合同，具体明确规定双方的权利与义务。

合作社选聘工作人员的另一条途径是从内部选拔。内部培养和选拔人才的具体做法很多，但主要是要有一套系统的内部培养和选拔体系。如在合作社内部选拔销售、市场、财务、人力资源等人才并进行集中培训，形成自下而上、梯队晋升、金字塔形人才储备制度；对关键岗位经理分职能培训，有针对性地培养专业化人才；对中层以上管理人员实行目标聘任制，并周期性按照任期目标责任制逐项评议，并将评议结果纳入晋升考核指标体系；建立内部人员晋升体制，为合作社工作人员明确其职业晋升路线，留住优秀人才等。

◉　农民专业合作社管理人员能否兼任？

《农民专业合作社法》第三十七条规定，“农民专业合作社的理事长、理事、经理不得兼任业务性质相同的其他农民专业合作社的理事长、理事、监事、经理”。上述人员负责本社的生产经营管理，如果同时兼任业务性质相同的其他农民专业合作社的类似职务，势必难以有更多的时间和精力处理本社的事务，也容易在所任职的合作社之间的交易中发生利益输送，为自己、亲友或他人谋取非法利益，损害合作社成员的利益。

◉ 执行监事或监事会可以由理事长兼任吗？

执行监事或监事会不能由理事长兼任。农民专业合作社设立执行监事或监事会，是为了加强合作社的内部监督，防止合作社的有关人员滥用职权，损害合作社成员的利益。如果理事长兼任执行监事或监事会成员，有损公平，也不利于执行监事或监事会自主发挥监督作用。

◉ 农民专业合作社对成员资格有何限定？

农民专业合作社法规定，具有民事行为能力的公民，以及从事与农民专业合作社业务直接相关的生产经营活动的企业、事业单位或者社会团体，能够利用合作社提供的服务，承认并遵守合作社章程，履行章程规定的入社手续的，可以成为合作社的成员。农民专业合作社的成员可分为自然人成员和单位成员。自然人成员包括农民成员和非农民成员。

1. 自然人成员资格。关于农民成员，依照《农民专业合作社法》第二条的规定，农民专业合作社是在农村家庭承包经营基础上建立的互助性经济组织，而家庭承包经营是以户为单位的，因此农民专业合作社农民成员应以户为单位，但每个入社农户应推选 1 名家庭成员代表该农户进行入社注册登记。农民成员应当提交农业人口户口簿复印件，因地方户籍制度改革等原因不能提交农业人口户口簿复印件的，可以提交居民身份证复印件，以及土地承包经营权证复印件或者村民委员会（居民委员会）出具的身份证明。非农民成员应当提交居民身份证复印件。

2. 单位成员资格。单位成员具体包括企业、事业单位或者社会团体。允许企业、事业单位或者社会团体依照规定加入合作社，主要是考虑我国农民专业合作社处于发展的初级阶段，规模较小、资金和技术缺乏、基础设施落后、生产和销售信息不畅通，对合作社来说，吸收企业、事业单位或者社会团体入社，有利于发挥它们资金、市场、技术和经验的优势，提高合作社自身生产经营水平和抵御市场风险的能力，同时也可以方便生产资料购买和农产品的销售，增加农民收入。

具有管理公共事务职能的单位不得加入农民专业合作社。《农民专业合作社法》第十九条明确规定，“具有管理公共事务职能的单位不得加入农民专业合作社”。如农村经济经营管理站、畜牧检疫站、农机监理站以及卫生防疫站等都是具有管理公共事务职能的单位。这些单位面向社会提供公共服务，保持中立性与否将影响公共管理和公共服务的公平。同时，企业、事业单位或者社会团体的分支机构也不得作为农民专业合作社的成员。

原国家工商总局发布的《关于村民委员会是否可以成为农民专业合作社单位成员等问题的答复》（工商个函字〔2008〕156号）明确规定，村民委员会不能成为农民专业合作社单位成员。《中华人民共和国村民委员会组织法》第二条规定，村民委员会是村民自我管理、自我教育、自我服务的基层群众性自治组织。村民委员会办理本村的公共事务和公益事业。因此，村民委员会具有管理公共事务的职能，不得作为农民专业合作社的成员。

3. 成员比例要求。农民专业合作社的成员数量要求必须在 5 人以上，农民至少应当占成员总数的 80%。成员总数 20 人以下的，可以有 1 个企业、事业单位或者社会团体成员；成员总数超过 20 人的，企业、事业单位和社会团体成员不得超过成员总数的 5%。

◉ 农民专业合作社成员如何办理退社手续?

《农民专业合作社法》第二十五条规定，农民专业合作社成员要求退社的，应当在会计年度终了的 3 个月前向理事长或者理事会提出书面申请。其中，企业、事业单位或者社会团体成员退社，应当在会计年度终了的 6 个月前提出；章程另有规定的，从其规定。退社成员的成员资格自会计年度终了时终止。成员在其资格终止前与农民专业合作社已订立的合同，应当继续履行；章程另有规定或者与本社另有约定的除外。成员资格终止的，农民专业合作社应当按照章程规定的方式和期限，退还记载在该成员账户内的出资额和公积金份额；对成员资格终止前的可分配盈余，应当向其返还。资格终止的成员应当按照章程规定分摊资格终止前本社的亏损及债务。

◉ 农民专业合作社如何对成员进行除名?

农民专业合作社成员不遵守农民专业合作社的章程、成员大会或者成员代表大会的决议，或者严重危害其他成员及农民专业合作社利益的，可以予以除名。成员的除名，应当经成员大会或者成员代表大会表决通过。应当为该成员提供陈述意见的机会。

被除名成员的成员资格自会计年度终了时终止。

成员资格终止的，农民专业合作社应当按照章程规定的方式和期限，退还记载在该成员账户内的出资额和公积金份额；对成员资格终止前的可分配盈余，依照《农民专业合作社法》第四十四条的规定向其返还。

资格终止的成员应当按照章程规定分摊资格终止前本社的亏损及债务。

◉ 已设立的农民专业合作社因成员退社等达不到法定成员比例怎么办？

为了防止因农民专业合作社成员发生变更，农民成员低于法定比例，应当自发生变更之日起 6 个月内采取吸收新的农民成员入社等方式使农民成员达到法定比例。如农民专业合作社成员发生变更，使农民成员低于法定比例满 6 个月的，由登记机关责令改正；情节严重的，吊销营业执照。

◉ 农民专业合作社成员有哪些权利义务？

《农民专业合作社法》第二十一条规定，农民专业合作社成员享有下列权利：

1. 参加成员大会，并享有表决权、选举权和被选举权，按照章程规定对本社实行民主管理；

2. 利用本社提供的服务和生产经营设施；

3. 按照章程规定或者成员大会决议分享盈余；

4. 查阅本社的章程、成员名册、成员大会或者成员代表大会记录、理事会会议决议、监事会会议决议、财务会计报告、会计账簿和财务审计报告；

5. 章程规定的其他权利。

《农民专业合作社法》第二十三条规定，农民专业合作社成员承担下列义务：

1. 执行成员大会、成员代表大会和理事会的决议；

2. 按照章程规定向本社出资；

3. 按照章程规定与本社进行交易；

4. 按照章程规定承担亏损；

5. 章程规定的其他义务。

合作社章程可以在符合上述法律规定的前提下，根据本合作社的实际情况，对这些权利和义务加以具体化，还可以规定其他适应本社需要的权利和义务。

◉ 农民专业合作社成员如何实行一人一票制？

农民专业合作社法规定，农民专业合作社成员大会选举和表决，实行一人一票制，成员各享有一票的基本表决权。在合作社运行和管理中并不是所有的事项都要实行一人一票制，要兼顾公平与效率的原则，对人员选举、重大事项表决实行严格的一人一票制，而常规工作要交由理事会直接决定。

肆

第四编 财务管理

◉ 农民专业合作社成员如何出资？

《农民专业合作社法》规定，成员是否出资以及出资方式、出资额均由章程规定。农民专业合作社成员可以用土地经营权、林权等可以用货币估价并可以依法转让的非货币财产出资。也就是说，只要符合章程规定、全体成员认可、符合法律和行政法规规定的就都可以。成员可以用土地经营权等财产作价出资，体现了出资的多样性，进一步强化了对农民专业合作社及其成员的权益保护措施，增加了对农民专业合作社的扶持措施，有利于提高农户投资的积极性。

实践中，多数合作社都实行成员出资制度，这既是法规和政策的引导，也是实践的需要。一般来说，合作社实行成员出资制度，有以下几方面的原因：一是实行成员出资制度，成员的出资可以作为合作社从事经营活动的主要资金来源，有利于合作社筹集资金，缓解资金压力，扩大经营规模；二是成员以出资的方式加入合作社，有利于成员与成员之间、成员与合作社之间建立紧密的合作关系，促进成员对合作社的管理参与和业务参与，提高合作社的治理效率；三是合作社实行成员出资制度，这部分出资可以明确合作社对外承担债务责任的信用担保基础，有利于合作社进行融资，提高市场信誉和竞争力。

根据法规规定，结合实践发展，合作社出资的种类和认定方式有一定的特殊性，这也是合作社与其他市场主体的重要区别之一。

关于合作社成员出资的种类。合作社成员可以用货币出资，也可以用实物、知识产权等能够用货币估价并可以依法转让的非货币财产作价出资，如房屋、农业机械、注册商标等。成员不得以劳务、信用、自然人姓名、商誉、特许经营权或者设定担保的财产等作价出资。我国地少人多，目前全国农村社会保障体系尚未全面建立，土地承包经营权和宅基地使用权是农民安身立命之本，所以，目前多数地方仍不具备条件，不宜广泛提倡合作社的农民成员用土地承包经营权作价出资，特别是合作社的成员出资额及成员出资总额没有最低限额，要引导农民成员用其他非货币财产作价出资。对农民成员申报用土地承包经营权作价出资的，登记机关应当做好宣传、解释工作，讲清利害关系，并妥善处理。

关于合作社成员出资的认定方式。合作社成员以非货币财产出资的，由全体成员评估作价。这一规定与《中华人民共和国公司法》关于"股东缴纳出资后，必须经依法设立的验资机构验资并出具证明"的规定截然不同；与新修订的《中华人民共和国合伙企业法》关于"需要评估作价的，可以由全体合伙人协商确定，也可以由全体合伙人委托法定评估机构评估"的规定也有所区别。合作社的出资认定制度与公司及企业法人的注册资本验资制度相比，成本很低，简便易行，有利于促使合作社在最简便的资产基础上尽快建立起来，从而促进农民专业合作社发展。

◉ 什么是农民专业合作社的成员账户？成员账户的作用是什么？

农民专业合作社的成员账户，是指合作社在进行某些会计核算时，要为每位成员设立明细科目分别核算。根据《农民专业合作社法》第四十三条的规定，成员账户主要记载三项内容：一是记录成员出资额；二是量化为该成员的公积金份额；三是该成员与本社的交易量（额）。这些单独记录的会计资料是确定成员参与合作社盈余分配、财产分配的重要依据。

1. 通过成员账户，可以分别核算其与合作社的交易量，为成员参与盈余分配提供依据。《农民专业合作社法》第二十一条规定，合作社成员享有“按照章程规定或者成员大会决议分享盈余”的权利。第四十四条第二项规定，合作社的可分配盈余应当“按成员与本社的交易量（额）比例返还的返还总额不得低于可分配盈余的百分之六十”。而返还的依据是成员与合作社的交易量（额），因此分别核算每个成员与合作社的交易量（额）是十分必要的。

2. 通过成员账户，可以分别核算其出资额和公积金变化情况，为成员承担责任提供依据。根据《农民专业合作社法》第六条的规定，“农民专业合作社成员以其账户内记载的出资额和公积金份额为限对农民专业合作社承担责任”。在合作社因各种原因解散而清算时，成员如何分担合作社的债务，都需要根据其成员账户的记载情况而确定。

3. 通过成员账户，可以为附加表决权的确定提供依据。根据《农民专业合作社法》第二十二条第二款规定：“出资额或者与本社交易量（额）较大的成员按照章程规定，可以享有附加表决权。”只有对每个成员的交易量和出资额进行分别核算，才能确定各成员在总交易额中的份额或者在出资总额中的份额，确定附加表决权的分配办法。

4. 通过成员账户，可以为处理成员退社时的财务问题提供依据。《农民专业合作社法》第二十八条第一款规定：“成员资格终止的，农民专业合作社应当按照章程规定的方式和期限，退还记载在该成员账户内的出资额和公积金份额；对成员资格终止前的可分配盈余，依照本法第四十四条的规定向其返还。”只有为成员设立单独的账户，才能在其退社时确定其应当获得的公积金份额和利润返还份额。

5. 除上述法律规定外，成员账户还具有方便成员与合作社之间其他经济往来的作用。比如成员向合作社借款等。

◉ 农民专业合作社如何建立成员账户？

为便于将合作社与成员和非成员的交易分别核算，农民专业合作社法规定了成员账户的核算方式。合作社为每个成员设立单独账户进行核算，就可以清晰地反映出其与成员的交易情况。与非成员的交易则通过另外的账户进行核算。

根据《农民专业合作社法》第四十三条的规定，成员账户主要记载三项内容：一是记录该成员的出资额。包括入社时的原始出资额，也包括公积金转化的出资。成员退社时，应将出资额退还给成员。二是量化为该成员的公积金份额。三是记录成员与合作社的交易量（额）。交易量（额）的大小，体现了成员对合作社贡献的大小。交易量（额）是成员账户的一项重要指标，也是对成员进行盈余返还的重要依据。

《农民专业合作社法》第四十二条第二款进一步明确：“每年提取的公积金按照章程规定量化为每个成员的份额。”每个成员量化所得的公积金就记载在成员账户内，但成员退社时可以带走。公积金进行量化的标准，法律并没有明确规定，而是由合作社在章程中规定。实践中，有成员人数、成员出资、交易量（额）等不同量化标准。

◉ 农民专业合作社如何进行盈余分配？

农民专业合作社经营所产生的剩余收益，《农民专业合作社法》将其称为盈余。举个简单的例子，假设某农民专业合作社，将成员生产的农产品（假设共3000千克）按11元/千克卖给市场，为了弥补在销售农产品过程中所发生的运输、人工等费用，合作社会首先按10元/千克付钱给农民，同时按1元/千克留在合作社，共计3000元。假设年终经过核算所有费用合计为2000元，这样合作社就产生了1000元剩余（3000元－2000元）。这1000元剩余，就是成员的农产品出售所得扣除共同销售费用后的剩余，即合作社的盈余。

《农民专业合作社法》第四十四条第一款规定："在弥补亏损、提取公积金后的当年盈余，为农民专业合作社的可分配盈余……"即可分配盈余=当年盈余－弥补亏损－提取公积金。如上，虽然当年的盈余为1000元，但如果合作社上一年有200元的亏损，那么在分配前就应当先扣除200元以弥补亏损。如果按照章程或者成员大会规定需要提取200元作为公积金，那么当年的可分配盈余就只有600元（1000元－200元－200元）。

可分配盈余的分配，主要应根据交易量（额）的比例进行返还。根据《农民专业合作社法》第四十四条第二款第一项规定，"按成员与本社的交易量（额）比例返还的返还总额不得低于可分配盈余的百分之六十"。剩余部分根据《农民专业合作社法》第四十四条第二款的规定，合作社可以根据自身情况，按照成员账户中记载的出资额和公积金份额，以及本社接受国家财政直接补助和他人捐赠形成的财产平均量化到成员的份额，按比例分配。实践中，合作社成员出资额不同的情况大量存在。在我国农村资金比较缺乏、合作社资金实力较弱的情况下，必须足够重视成员出资在合作社运作和获得盈余中的作用。适当按照出资额进行盈余分配，可以使出资多的成员获得较多的盈余，从而达到鼓励成员出资，壮大合作社资金实力的目的。此外，成员账户中记载的公积金份额以及本社接受国家财政直接补助和他人捐赠形成的财产平均量化到成员的份额，也都应当作为盈余分配时考虑的因素。因为补助和捐赠的财产是以合作社为对象的，而由此产生的财产应当归全体成员所有。

◉ 农民专业合作社提取的公积金应当用于哪些方面？

农民专业合作社提取的公积金，是农民专业合作社为巩固自身的财产基础，提高本组织的对外信用和预防意外亏损，依照法律和章程的规定，从利润中积存的资金。根据《农民专业合作社法》第四十二条第一款规定："农民专业合作社可以按照章程规定或者成员大会决议从当年盈余中提取公积金。公积金用于弥补亏损、扩大生产经营或者转为成员出资。"这条规定说明了合作社提取公积金的程序、方式和用途。

1. 农民专业合作社是否提取公积金，由其章程或者成员大会决定，不是强制性的规定。这是因为不同种类的农民专业合作社对资金的需求不同，不同种类的农民专业合作社的盈利状况也不一样，因此不能强求每个农民专业合作社都提取公积金，而是要根据合作社自身对资金的需要和盈利状况，由章程或者成员大会自主决定。

2. 公积金从农民专业合作社的当年盈余中提取，比例由章程或者合作社成员大会决定。只有合作社当年有了盈余，即合作社的收入在扣除各种费用后还有剩余时，才可以提取公积金。

3. 公积金的用途主要有三种：一是弥补亏损。由于市场风险和自然风险的存在，合作社的经营可能会出现波动，有的年度可能有利润，有时则可能出现亏损。有了亏损，就会影响合作社的正常经营和运转。因此，在合作社经营状况好的年份，从盈余中提取公积金以弥补以往的亏损或者防备未来的亏损，才能维持合作社的正常经营和健康发展。二是扩大生产经营。为了给成员提供更好的服务，合作社需要扩大生产经营，如购买更多的农业机械、加工设备，购买运输车辆、建设贮藏农产品的设施等，这些都需要增加合作社的资金实力。在没有成员增加新投资的情况下，从当年盈余中提取公积金，可以积累扩大生产经营所需要的资金。三是转为成员的出资金。在合作社有盈余时，可以提取公积金，并将这些成员所占份额转为成员出资。

◉ 农民专业合作社的公积金为什么要量化到每个成员？如何量化？

《农民专业合作社法》第四十二条第二款规定，合作社“每年提取的公积金按照章程规定量化为每个成员的份额”，这是合作社在财务核算中的一个重要特点。农民专业合作社的公积金的产生，来源于成员对合作社的利用，本质上是属于合作社成员所有的。为了明晰合作社与成员的财产关系，保护成员的合法权益，《农民专业合作社法》规定公积金必须量化为每个成员的份额。

为了鼓励成员更多地利用合作社，在一般情况下，公积金的量化标准主要依据当年该成员与合作社的交易量（额）来确定。当然，合作社也可以根据自身情况，根据其他标准进行公积金的量化。一种是以成员出资为标准进行量化；另一种是把成员出资额和交易量（额）结合起来考虑，两者各占一定的比例来进行量化；还可以单纯以成员平均的办法量化。此外，由于成员与合作社的交易量、出资比例每年都会发生变化，每年的盈余分配比例也会有所变化，因此，应当每年都对公积金进行量化。需要特别注意的是，每年公积金的量化情况都应当记载在成员账户中。

◉ 农民专业合作社如何管理国家财政投入形成的资产？

农民专业合作社国家财政投入形成的资产，是指合作社设立或者经营中从事国家支持的某种经营，依法接受国家直接补助等所形成的某种资产。如组织水利设施建设，以国家补助的资金建成的小型水库，或者以国家某种补助或减免相应税收形成的固定资产，如通过获得财政奖补资金修建的冷冻冷藏库、加工厂房、仓储库房等。

《农民专业合作社法》第四十四条第二款第二项规定，按前项规定“返还后的剩余部分，以成员账户中记载的出资额和公积金份额，以及本社接受国家财政直接补助和他人捐赠形成的财产平均量化到成员的份额，按比例分配给本社成员”。《农民专业合作社法》第五十三条规定：“农民专业合作社接受国家财政直接补助形成的财产，在解散、破产清算时，不得作为可分配剩余资产分配给成员，具体按照国务院财政部门有关规定执行。”一般而言，由国家财政投入形成的资产，应属于合作社的法人财产，归全体成员共同所有。对于这种财产，在正常经营中，可以充分利用和处置使用，平均量化到每个成员的个人账户，作为成员参与合作社盈余分配的重要依据之一。但成员退社时不得带出。在合作社进行解散或者破产清算时，清偿全部债务后，对这部分资产未使用或者未使用完毕的，因其不属于成员出资，也不属于合作社盈余所形成的财产，故不能作为经营收益或者剩余资产分配给成员。具体如何处置，待国务院有关规定出台后，按照相关规定执行。

伍

第五编 产品认证

◉ 农民专业合作社如何申请无公害农产品产地认证?

无公害农产品产地认证工作是农产品质量安全管理的重要内容。开展无公害农产品认证工作是促进产业结构调整、推动农业产业化发展、实施农业名牌战略、提升农产品竞争力和扩大出口的重要手段。

申请无公害农产品产地认证需要经过如下六个步骤:

1. 省级农业农村行政主管部门负责组织实施完成无公害农产品产地认定（包括产地环境监测）工作，并颁发《无公害农产品产地认定证书》。

2. 无公害农产品产地认证省级工作机构接收合作社的《无公害农产品产地认证申请书》及附报材料后，审查材料是否齐全、完整，核实材料内容是否真实、准确，生产过程是否有禁用农业投入品使用和投入品使用不规范等行为，进行初审。

3. 无公害农产品产地认证定点检测机构进行抽样、检测。

4. 农业农村部农产品质量安全中心所属专业认证分中心对省级工作机构提交的初审情况和相关申请资料进行复查，对生产过程控制措施的可信性、生产记录档案和产品检验报告的符合性进行审查。

5. 农业农村部农产品质量安全中心根据专业认证分中心审查情况再次进行形式审查，符合要求的组织召开“认证评审专家会”进行最终评审。

6. 农业农村部农产品质量安全中心颁发《无公害农产品产地认定证书》，核发无公害农产品标志，并报农业农村部和国家认证认可监督管理委员会，发布联合公告。

◉ 农民专业合作社如何申请绿色食品认证?

农民专业合作社申请绿色食品认证应履行的相关程序:

1. 认证申请。申请人向中国绿色食品发展中心(以下简称"中心")及其所在省(自治区、直辖市)绿色食品办公室、绿色食品发展中心(以下简称"省绿办")领取《绿色食品标志使用申请书》《企业及生产情况调查表》及有关资料,或从中心网站下载这些资料。申请人填写并向所在省绿办递交《绿色食品标志使用申请书》《企业及生产情况调查表》及以下材料:保证执行绿色食品标准和规范的声明,生产操作规程(种植规程、养殖规程、加工规程),对"基地+农户"的质量控制体系(包括合同、基地图、基地和农户清单、管理制度),产品执行标准,产品注册商标文本(复印件),营业执照(复印件),企业质量管理手册,要求提供的其他材料(通过体系认证的,附证书复印件)。

2. 受理及文审。省绿办收到上述申请材料后,进行登记、编号,5个工作日内完成对申请认证材料的审查工作,并向申请人发出《文审意见通知单》,同时抄送中心认证处。申请认证材料不齐全的,要求申请人收到《文审意见通知单》后10个工作日内提交补充材料。申请认证材料不合格的,通知申请人在本生长周期内不再受理其申请。

3. 现场检查、产品抽样。省绿办应在《文审意见通知单》中明确现场检查计划,并在计划得到申请人确认后委派2名或2名以上检查员进行现场检查。检查员根据《绿色食品检查员工作手册(试行)》和《绿色食品产地环境质量现状调查技术规范(试行)》中规定的有关项目进行逐项检查。每位检查员单独填写现场检查表和检查意见。现场检查和环境质量现状调查工作在5个工作日内完成,完成后于5个工作日内向省绿办递交现场检查评估报告和环境质量现状调查报告及有关调查资料。现场检查合格，可以安排产品抽样。凡申请人提供了近1年内绿色食品定点产品检测机构出具的产品质量检测报告，并经检查员确认，符合绿色食品产品检测项目和质量要求的，产品免抽样检测。现场检查合格，需要抽样检测的产品安排产品抽样。

4. 环境监测。绿色食品产地环境质量现状调查由检查员在现场检查时同步完成。经调查确认，产地环境质量符合《绿色食品产地环境质量现状调查技术规范》规定的免测条件，免做环境监测。根据《绿色食品产地环境质量现状调查技术规范》的有关规定，经调查确认，有必要进行环境监测的，省绿办自收到调查报告2个工作日内，以书面形式通知绿色食品定点环境监测机构进行环境监测，同时将通知单抄送中心认证处。定点环境监测机构收到通知单后，于40个工作日内出具环境监测报告，连同填写的《绿色食品环境监测情况表》，直接报送中心认证处，同时抄送省绿办。

5. 产品检测。绿色食品定点产品检测机构自收到样品、产品执行标准、《绿色食品产品抽样单》、检测费后，于20个工作日内完成检测工作，出具产品检测报告，连同填写的《绿色食品产品检测情况表》，报送中心认证处，同时抄送省绿办。

6. 认证审核。省绿办收到检查员现场检查评估报告和环境质量现状调查报告后，于3个工作日内签署审查意见，并将认证申请材料、检查员现场检查评估报告、环境质量现状调查报告及《省绿办绿色食品认证情况表》等材料报送中心认证处。中心认证处收到省绿办报送材料、环境监测报告、产品检测报告及申请人直接寄送的《申请绿色食品认证基本情况调查表》后，进行登记、编号，在确认收到最后一份材料后的2个工作日内下发受理通知书，书面通知申请人，并抄送省绿办。中心认证处组织审查人员及有关专家对上述材料进行审核，于20个工作日内作出审核结论。审核结论为“有疑问，需现场检查”的，中心认证处在2个工作日内完成现场检查计划，书面通知申请人，并抄送省绿办。得到申请人确认后，于5个工作日内派检查员再次进行现场检查。审核结论为“材料不完整或需要补充说明”的，中心认证处向申请人发送《绿色食品认证审核通知单》，同时抄送省绿办。申请人需在20个工作日内将补充材料报送中心认证处，并抄送省绿办。审核结论为“合格”或“不合格”的，中心认证处将认证材料、认证审核意见报送绿色食品评审委员会。

7. 认证评审。绿色食品评审委员会自收到认证材料、认证处审核意见后10个工作日内进行全面评审，并作出认证终审结论。认证终审结论分为两种情况：认证合格或认证不合格。结论为“认证合格”的，颁发认证证书；结论为“认证不合格”的，评审委员会秘书处于作出终审结论2个工作日内，将《认证结论通知单》发送申请人，并抄送省绿办。本生产周期内不再受理其申请。

8. 颁证。中心认证处在5个工作日内将办证的有关文件寄送认证合格的申请人，并抄送省绿办。申请人在60个工作日内与中心认证处签订《绿色食品标志商标使用许可合同》。由中心主任签发证书。

◉ 农民专业合作社如何申请有机食品认证？

有机食品，是指来自有机农业生产体系的食品。有机农业，是指在生产过程中不使用人工合成的肥料、农药、生长调节剂和饲料添加剂的可持续发展的农业，它强调加强自然生命的良性循环和生物多样性。有机食品认证机构通过认证，证明该食品的生产、加工、储存、运输和销售等环节均符合有机食品的标准。值得注意的是，目前有机认证机构众多，一些认证机构只要收钱就可以出具有机认证资格证书，严重扰乱了有机食品市场的正常秩序，相关部门正在清查。因此，合作社理事长在选择有机食品认证机构时一定要注意核实，该认证机构是否经过中国国家认证认可监督管理委员会（CNCA）、中国合格评定国家认可委员会等权威部门认可，具有正式批准号等。下面以农业农村部主管的中绿华夏有机食品认证中心（COFCC）的认证流程为例，说明申请认证有机食品的工作程序。

1. 申请。

（1）申请人登录 www.ofcc.org.cn 下载并填写《有机食品认证申请书》和《有机食品认证调查表》，下载《有机食品认证书面资料清单》并按其要求准备相关材料。

（2）申请人提交《有机食品认证申请书》《有机食品认证调查表》以及《有机食品认证书面资料清单》要求的文件，提出正式申请。

（3）申请人按《国家标准：有机产品》第四部分的要求，建立本企业的质量管理体系、质量保证体系的技术措施和质量信息追踪及处理体系。

2. 文件审核。

（1）认证中心对申请人的申报材料进行合同评审和文件审核。

（2）审核合格后，认证中心根据项目特点，依据认证收费细则、估算认证费用，向企业寄发《绿色食品申请受理通知书》《有机食品认证检查合同》（简称《检查合同》）。

（3）若审核不合格，认证中心通知申请人且当年不再受理其申请。

（4）申请人确认《绿色食品申请受理通知书》后，与认证中心签订《检查合同》。

（5）根据《检查合同》的要求，申请人交纳相关费用，以保证认证前期工作的正常开展。

3. 实地检查。

（1）企业寄回《检查合同》及交纳相关费用后，认证中心派出有资质的检查员。

（2）检查员应从认证中心取得申请人相关资料，依据《有机产品认证实施规则》的要求，对申请人的质量管理体系、生产过程控制、追踪体系，以及产地、生产、加工、仓储、运输、贸易等进行实地检查评估。

（3）必要时，检查员须对土壤、产品抽样，由申请人将样品送交指定的质检机构进行检测。

4. 撰写检查报告。

检查员完成检查后，在规定时间内，按认证中心要求编写检查报告，并提交给认证中心。

5. 综合审查评估意见。

认证中心根据申请人提供的申请表、调查表等相关材料以及检查员的检查报告和样品检验报告等进行综合评审，评审报告提交颁证委员会。

6. 颁证决定。

颁证委员会对申请人的基本情况调查表、检查员的检查报告和认证中心的评估意见等材料进行全面审查，作出同意颁证、有条件颁证、有机转换颁证或拒绝颁证的决定。证书有效期为1年。

当申请项目较为复杂（如养殖、渔业、加工等项目）时，或在一段时间内（如6个月），召开技术委员会工作会议，对相应项目作出认证决定。

（1）同意颁证。申请内容完全符合有机标准，颁发有机证书。

（2）有条件颁证。申请内容基本符合有机食品标准，但某些方面尚需改进，在申请人书面承诺按要求进行改进以后，亦可颁发有机证书。

（3）有机转换颁证。申请人的基地进入转换期1年以上，并继续实施有机转换计划，颁发有机转换证书。从有机转换基地收获的产品，按照有机方式加工，可作为有机转换产品，即“转换期有机食品”销售。

（4）拒绝颁证。申请内容达不到有机食品标准要求，技术委员会拒绝颁证，并说明理由。

7. 颁证决定签发。颁证委员会作出颁证决定后，中心主任授权颁证委员会秘书处（认证二部），根据颁证委员会作出的结论，在颁证报告上使用其签名章，签发颁证决定。

8. 有机食品标志的使用。根据证书和《有机食（产）品标志使用章程》的要求，签订《有机食（产）品标志使用许可合同》，并办理有机或有机转换标志的使用手续。

9. 保持认证。

（1）有机食品认证证书有效期为1年。在新的年度里，中绿华夏有机食品认证中心会向获证企业发出《保持认证通知》。

（2）获证企业在收到《保持认证通知》后，应按照要求提交认证材料、与联系人沟通确定实地检查时间，及时交纳相关费用。

（3）保持认证的文件审核、实地检查、综合评审、颁证决定的程序，同初次认证。

◉ 农民专业合作社如何申请农产品地理标志认证？

农产品地理标志，是指标示农产品来源于特定地域，产品品质和相关特征主要取决于自然生态环境和历史人文因素，并以地域名称冠名的特有农产品标志。根据《农产品地理标志管理办法》规定，农业农村部负责全国农产品地理标志的登记工作，农业农村部农产品质量安全中心负责农产品地理标志登记的审查和专家评审工作。省级人民政府农业农村行政主管部门负责本行政区域内农产品地理标志登记申请的受理和初审工作。农业农村部设立的农产品地理标志登记专家评审委员会负责专家评审。

申请地理标志登记的农产品，应当符合下列条件：

1. 称谓由地理区域名称和农产品通用名称构成。

2. 产品有独特的品质特性或者特定的生产方式。

3. 产品品质和特色主要取决于独特的自然生态环境和人文历史因素。

4. 产品有限定的生产区域范围。

5. 产地环境、产品质量符合国家强制性技术规范要求。

6. 农产品地理标志登记申请人为县级以上地方人民政府根据下列条件择优确定的农民专业合作经济组织、行业协会等组织。具有监督和管理农产品地理标志及其产品的能力；具有为地理标志农产品生产、加工、营销提供指导服务的能力；具有独立承担民事责任的能力。

申报流程：

（1）符合农产品地理标志登记条件的申请人，可以向省级人民政府农业农村行政主管部门提出登记申请，并提交下列申请材料：登记申请书；申请人资质证明；产品典型特征特性描述和相应产品品质鉴定报告；产地环境条件、生产技术规范和产品质量安全技术规范；地域范围确定性文件和生产地域分布图；产品实物样品或者样品图片；其他必要的说明性或者证明性材料。

（2）省级人民政府农业农村行政主管部门自受理农产品地理标志登记申请之日起，在45个工作日内完成申请材料的初审和现场核查，并提出初审意见。

（3）符合条件的，将申请材料和初审意见报送农业农村部农产品质量安全中心；不符合条件的，在提出初审意见之日起10个工作日内将相关意见和建议通知申请人，农业农村部农产品质量安全中心自收到申请材料和初审意见之日起20个工作日内，对申请材料进行审查，提出审查意见，并组织专家评审。

（4）专家评审工作由农产品地理标志登记评审委员会承担。农产品地理标志登记专家评审委员会应当独立做出评审结论，并对评审结论负责。

（5）经专家评审通过的，由农业农村部农产品质量安全中心代表农业农村部对社会公示。公示无异议的，由农业农村部做出登记决定并公告，颁发《中华人民共和国农产品地理标志登记证书》，公布登记产品的相关技术规范和标准。农产品地理标志登记证书长期有效。

（6）对公示内容有异议的单位和个人，应当自公示之日起30日内，以书面形式向农业农村部农产品质量安全中心提出，并说明异议的具体内容和理由。农业农村部农产品质量安全中心应当将异议情况转所在地省级农业农村行政主管部门提出处理建议后，组织农产品地理标志登记专家评审委员会复审。公示无异议的，由农业农村部农产品质量安全中心报农业农村部作出决定。准予登记的，颁发《中华人民共和国农产品地理标志登记证书》并公告，同时公布登记产品的质量控制技术规范。

◉ 农民专业合作社如何进行商标注册？

农民专业合作社对其生产、制造、加工、拣选或经销的商品或者提供的服务需要取得商标专用权的，应当依法向国家市场监督管理总局商标局（以下简称“商标局”）提出商标注册申请。目前，办理各种商标注册事宜有两种途径：一是直接到商标局办理；二是委托国家认可的商标代理机构办理。直接到商标局办理的，申请人除应按规定提交相应的文件外，还应提交经办人本人的身份证复印件；委托商标代理机构办理的，申请人除应按规定提交相应文件外，还应提交委托商标代理机构办理商标注册事宜的授权委托书。合作社直接办理商标注册事宜的，应到商标局的商标注册大厅办理。商标注册手续比较繁杂，加之注册时间较长，因此合作社注册商标最好找专业的代理机构，通过专业人员指导，可以降低注册风险，提高商标注册成功率。

商标注册流程：

1. 确定商标名字。

商标名字可以在国家知识产权局官网进行近似查询。

商标国际分类及项目：可以在网上进行查询。

2. 确认提交。

申请人准备资料后，代理机构一般进行整理后和申请人确认，无误后提交至商标局。

3. 商标局形式审查。

商标形式审查是指商标注册主管机关对申请商标注册的文件、手续是否合乎法律规定进行审查，若符合法律规定，审查机构编定申请号，确定申请日，下发《商标注册申请受理通知书》，目前一般4周左右可以拿到。

4. 商标局实质审查。

商标实质审查，商标注册主管机关对商标注册申请是否合乎商标法的规定需进行检查、资料检索、分析对比、调查研究并决定给予初步审定或驳回申请等一系列活动。目前一般3个月左右可以完成审查。

5. 商标局初审公告。

商标初审公告(3个月)是指商标注册申请经审查后，符合《商标法》相关规定的，允许其进行商标注册，并在《商标公告》中予以公告。初审的商标自刊登初审公告之日起三月内没人提出异议，该商标予以注册，同时刊登注册公告。三个月内没有人提出异议或提出异议经裁定不成立的，该商标即注册生效，发放注册证。

6. 商标证书（3—4 周）。

自 2022 年 1 月 1 日，国家知识产权局不再发放纸质商标证书，统一发放电子商标注册证，这也大大节省了印刷和邮寄的时间。商标注册完成后，商标证书会进行排版，一般需要 4 周左右的时间可以获得电子商标证书。

根据《中华人民共和国商标法》规定，注册商标的有效期为 10 年，自核准之日起计算。有效期期满之前 6 个月可以进行续展并交纳续展费用，每次续展有效期仍为 10 年。续展次数不限。如果在这个期限内未提出申请的，可给予 6 个月的宽展期。若宽展期内仍未提出续展注册的，商标局将其注册商标注销并予以公告。

陆

第六编

生产经营

◉ 农民专业合作社如何提供农资服务?

许多农民专业合作社都会为成员提供不同程度的农资服务。合作社在为成员统一提供农资时，由于采购规模较大，相比农户单个到市场上购买可以获得不少优惠。当前，合作社为成员提供的农业生产资料购买服务的种类主要有：种子、肥料、农药、农膜、加工设备、灌溉器械、农机等。在提供农资服务的过程中，合作社可以根据各自情况收取一定的手续费或者管理费；农资供应方式，可以是成员预订后由合作社进行统一购买，也可以是合作社购买农资后再卖给成员。具体的合作社与成员之间的供应合同，可以按照口头约定，也可以有正式的书面契约。在结算方式上，合作社与成员可以进行每笔结算，也可以是定期结算，甚至可以是按需结算（根据合作社流动资金的情况进行结算）。合作社要提供安全放心的化肥、农药等农资，并为成员提供新品种和先进机械。此外，合作社还可以在充分尊重成员意愿的前提下提高成员向合作社购买农资的比例，提高合作效益。

合作社的农资购买途径主要有从厂家直接购买、批发商批量购买、零售商购买等。合作社向厂家直接购买可以最大限度地减少中间环节，节省成本，适合有一定规模的合作社；从批发商处购买是许多合作社的选择，能比市场零售便宜不少；一些规模较小的合作社也会选择从零售商处购买农资，由于合作社购买比单个农户购买量大许多，零售商也会考虑优惠。合作社最好能将厂家、批发商和零售商组成关系网，以充分利用社会资源，更好地动态掌握农资市场的情况。

◉ 农民专业合作社如何实现生产过程标准化?

农业生产过程标准化，是指遵循简化、统一、协调、选优等原则，实现农业生产的指标化、规范化、科学化，达到高效、低耗地提高农产品的产量与质量，协调人类与自然的关系，以取得最好的经济效益和社会效益，促进农业的可持续发展。实施农业标准化生产，是农业应对农产品国际化、市场化的重要战略选择，是建设现代农业的客观要求，是实现农业可持续发展的重要保证，是提高人民生活质量的迫切需要。

农业标准化生产的开展可以按照如下六个步骤：

1. 进行策划。策划的主要目标是根据市场需求和合作社的现状与发展目标，确立合作社农业生产过程标准体系建设的基本目标和实施步骤。农业生产过程标准化体系建设的目标要建立在市场调查和信息收集的基础上，进行科学决策。市场调查主要包括合作社目标市场的需求情况、竞争对手情况、社会经济环境等。信息收集主要是一些相关国家、行业、地方国家标准（包括农产品标准、食品安全卫生标准、农业投入品限量标准、人身健康安全标准等）。

2. 标准制定与修订。根据策划的结果，制定合作社的农业生产过程标准。在标准的制定过程中要特别注意：要与现行国家、行业、地方标准的衔接配套；要从标准体系设计的角度开展标准制定活动；合作社生产过程标准应根据技术、市场变化及国家、行业、地方标准的变化及时修订。

3. 准备阶段。在实施标准化工作以前，要做好各项准备。一是思想准备，使参与方了解实施标准的重要意义和作用，自觉运用标准、执行和维护标准；二是组织准备，加强对实施标准工作的领导，应根据工作量大小，组成由主要领导牵头、农技人员组成的工作组，或设置专门机构，负责标准的贯彻和实施；三是技术准备，包括制作宣传、培训材料，培训参与方；制定相关岗位工作规程（作业指导书）；对关键技术的攻关；必要时，开展实施试点工作；四是物资准备，包括所需要的设备、仪器、工具、农业生产资料等。

4. 试点阶段。农业标准在全面实施前，可根据需要，选择有代表性的地区和单位进行贯彻标准试点。试点时可采取“双轨制”，即试点合作社与未试点合作社相互比较，积累数据，取得经验，为全面贯彻标准创造条件。

5. 全面实施阶段。在试点成功后，可进入全面实施阶段。全面实施过程中要特别强调在生产各环节均应做到，有标可依，严格执行标准，在实施中进一步强化执行标准的观念。

6. 总结改进阶段。通过对标准实施过程中所遇到的困难及解决的方法进行总结，进一步提高标准的可行性和适用性。另外，还要对标准实施管理体系进行总结，提出改进计划，落实改进措施。

◉ 农民专业合作社如何建立农产品生产基地？

农产品生产基地是为了满足某种特定需求，人为确定或客观形成的具有一定幅员和产量规模的农产品生产区域。一般以某类农产品的营销、加工企业（龙头企业）为依托，在当地的农产品生产中占有重要地位。

农产品生产基地一般有以下几方面的要求：一是强调生产的专业化和种植的区域化，使基地尽可能成方连片，形成规模；二是在基地管理上，强调生产技术规程的组织实施，实行标准化生产，推行农资供应、病虫害防治等统一服务；三是在运作模式上采取基地建设与日常管理相统一的运行机制，如“合作社＋农户”“合作社＋公司＋农户”或“公司＋合作社＋农户”等运作模式，实现基地生产、经营、管理的一体化发展。

当前我国农产品生产基地的类型主要有以下几种：一是传统产业提升型。主要是依托传统优势产业，适应市场需求的变化，调整产品结构，通过技术更新，实施良种化工程，加强品牌建设，实现传统产品的提质增效，带动名优产品的规模化基地生产。二是龙头企业与市场带动型。通过培育和发展农产品加工龙头企业，扶持中介组织和购销大户，加强市场体系建设，打开农产品销售渠道，促进生产与企业、市场的有机衔接，推动农产品基地建设。三是工商企业投资型。工商业主反哺农业、投资农业，凭借其先进的管理理念，通过租赁等土地使用权的流转，直接投资兴办各类特色农产品基地。四是科技人员领办型。科技人员利用技术优势，创办或通过技术入股等形式创建基地。五是农民专业合作社创建型。目前，许多农民专业合作社都根据自己的经营项目建立了生产基地。

农民专业合作社在建设农产品生产基地时要注意以下几个问题：一是以市场需求为导向。要根据市场的现实需求和潜在需求来选择生产项目，发展优质、安全、生态、方便、营养的农产品，以开拓国内和国际市场为目标，不断适应和满足市场需求。二是发挥地方比较优势。要根据比较优势的原则，按照“一村一品、一乡一业”的发展思路制定区域规划，因地制宜，发挥本地的资源、经济、市场和技术优势，依托优势农产品的专业化生产区域，推进优势、特色农产品加工业发展，逐步形成农产品生产和加工产业带，实现农产品加工与原料基地的有机结合。三是实行适度规模经营。有规模才有批量，有批量才有市场竞争力。要通过核心示范区建设，引导千家万户向优势产区集中，实现小生产大规模。建设优质农产品基地，要与发展农产品加工业的规模和市场需求相适应，既要有龙头骨干企业，又要有有市场、有特色、有潜力的农民专业合作社等农民经济组织来带动。四是积极引进新品种，采用先进适用技术。要依靠新科技，解决产品科技含量低、单产水平低、品质质量低、综合效益差等问题。积极引种、试种（养）和推广国内外的高效农业产品，促进农产品品种的改良和更新换代。保护和发展具有民族特色的传统技术，选用先进适用的技术和绿色、无公害生产技术装备，鼓励积极引进和开发高新技术。五是实施标准化生产，保证产品质量安全。推行标准化生产和产品质量认证，组织实施生产技术规程，实行标准化生产，做到统一培训、统一种植、统一管理、统一施药、统一施肥、统一采收。规范农药和肥料等投入品的购置、施用。建立和完善农产品的检验、检测和安全监控体系。积极申报农产品质量认证，以及出口企业的各种国际认证。培育具有地方特色的名牌农产品，提高基地产品的市场知名度和市场竞争力。六是发展和保护相结合。生产基地建设，要坚持高标准、严要求，积极采取保护生态环境的措施，发展可持续农业。

◉　农民专业合作社如何组织销售成员产品？

解决农产品卖难问题是许多合作社成立的初衷，产品销售是许多合作社的最主要功能。目前，合作社组织销售成员产品的方式主要有三类：一是代销。成员把产品交给合作社，合作社把产品统一售出后再向成员付费。二是买断。成员把产品出售给合作社，合作社立即支付费用。三是中介。合作社为成员提供销售信息，仅起到中介作用，成员直接向收购商出售产品。在定价方式上，合作社可以根据自身情况采取最低价收购的方式，也可以随行就市。合作社应该努力创建属于合作社自己的产品品牌。

◉ 农民专业合作社如何开展农超对接?

农超对接是指农产品销售与超市对接。农超对接的本质是将现代流通方式引向广阔农村，将千家万户的小生产与千变万化的大市场对接起来，构建市场经济条件下的产销一体化链条，实现商家、农民、消费者共赢。

以家乐福超市为例，合作社开展农超对接需要经过以下几个步骤：第一步，准备好合作社所有的法定文件和手续，包括营业执照、组织机构代码证、税务登记证、国税自产自销证明；第二步，准备好合作社产品符合《中华人民共和国食品安全法》的所有质量安全证明材料；第三步，与超市协商，达成意向后，与家乐福中国总部签署合同；第四步，在产地收购并进行严格的质量控制，决不能收购不达标的产品而影响整个产品的销售；第五步，组织物流将产品发往各个地方的家乐福超市；第六步，与超市结算，为超市提供发票；第七步，稳定产品供应，满足超市需求。

需要注意的几个问题：（1）结款时间。家乐福通常付款时间为收到发票的 5 个工作日。如果合作社缺乏流动资金来准备发货，超市可以根据合作社的具体情况，事先给合作社提供部分的预付款，比例由双方协商决定。（2）产品损耗。家乐福在产品 ID 卡中，允许合作社有 3% 的自然损耗，超过 3% 的损耗由合作社自己承担。（3）其他费用。家乐福对于参加“农超对接”项目的合作社，不收取任何费用。

◉ 农民专业合作社如何开展农社对接?

农社对接是指农产品销售与社区对接。面对农超对接过程中合作社的话语权不足、供货能力有限等问题，一些合作社开始选择与社区进行对接。2011 年，农业农村部开始启动农社对接试点，从农民专业合作经济组织建设项目中安排专门经费，支持鲜活农产品生产合作社在城市社区设立直销点或直销店，开展鲜活农产品直销。目前，农社对接的试点主要在北京、江苏、湖北、湖南、山东等 13 个省、直辖市的 63 个大中城市展开。

进行农社对接时要充分认识并发挥该模式的优势：第一，农产品供应充足。竞争力较强的合作社可以牵头组织当地各类合作社一同供货，以保证货源充足和品种多样。第二，体现区别定位。农社对接的农产品在价格上要比超市低，在品质上要比农贸市场好。第三，减少运输中的无效损耗。要通过简化市场流通程序，使得农产品能够尽快地到达消费者的手中，实现点对点直销。第四，可以争取政府、媒体等外界支持。尝试农社对接的合作社可以通过立项来争取政府支持，同时通过广泛的媒体宣传，让消费者认可这种销售模式。第五，农产品质量有保障。合作社可以通过申请无公害农产品认证、绿色食品认证、有机产品认证等来体现合作社农产品的质量有保障。

目前，各地开展的农社对接形式多样、内容丰富。既有固定店铺型的，也有流动摊点式的；既有传统营销型的，也有订单配送式的；既有多个合作社联合经营型的，也有单个合作社独立运作式的。按照产品特征和组织形式，可以分为以下四种主要类型：

1. 社区菜店（点）。社区菜店（点）是农社对接的最主要形式。一般具有如下特征：（1）以销售合作社生产的蔬菜、瓜果等鲜活农产品为主，部分兼营其他食材或厨房用品，包括粮油、禽蛋、肉奶以及各类调料等；（2）有固定营销场所，且倾向于在中低档小区的周围或内部设店，以贴近消费群体、方便居民买菜为原则；（3）采取薄利多销的经营方式，发挥规模经济效益，主要服务于中下层消费群体，满足其对菜粮油等基本农产品的需求。

社区菜店（点）模式的主要优点是：服务时间长且固定，品种齐全，质优价廉，购物环境舒适，深受社区居民喜欢；缺点是初始投资较多，经营利润偏低，对合作社营销能力要求较高。这种模式一般适用于距离大中城市较近的果蔬合作社与城市中低档人口密集社区的对接。

2. 车载市场。车载市场于 2011 年 8 月首次出现于北京，是由政府搭台、创造条件帮助京郊蔬菜生产流通合作社进城直销的对接模式。最初车载市场仅在周末提供服务，故又称“周末车载市场”。在北京周末车载蔬菜市场的成功示范和商务部门的大力推动下，全国各大中城市的车载市场快速兴起。车载市场一般具有如下特征：（1）销售产品以新鲜时令蔬菜、瓜果为主；（2）直接进入城市社区或以运输车辆为载体进行销售，或搭建临时性销售柜台；（3）平价销售，薄利多销。

车载市场的优点是：经营灵活，对场地要求低，初始投资少；

缺点是销售时段和产品品种受限，对配送能力要求高，需要小区物业积极配合等。因此，这种对接方式一般只适用于城市近郊的、配送能力较强的果蔬合作社与城市中低档人口密集社区的对接。

3. 高端配送。高端配送，是指城市居民通过网络、电话等渠道提交农产品购买订单，合作社根据订单要求，将产品直接配送至居民家中或指定地点的产销对接形式。随着互联网技术的发展，高端配送作为农社对接的一种新型模式，是电子商务 B2C 模式在农产品销售领域中的具体应用，具有十分广阔的发展前景。高端配送一般具有如下特征：（1）以销售高端农副产品为主，如有机蔬菜、高档杂粮等，营养价值和市场价值均较高；（2）没有固定销售门店，但在小区内设有智能配送柜，服务后台和配送中心接近于产品产地；（3）走高端销售路线，主要面向城市中高端消费群体。

高端订单配送的主要优点是：适量生产、按需配送，能够降低运输损耗，保证产品的新鲜度和安全性，最大限度地实现优质农产品的市场价值；缺点是技术要求和配送成本高，局限于高端消费人群。这种类型的农社对接一般适合于生产高端农产品并具有一定网络营销能力的合作社与城市中高档社区的对接。

4. 综合展销。综合展销，是指单个合作社或多个合作社组成联合社，设立综合展示销售平台，以经营各种名优特农副产品为主的对接形式。综合展销一般具有如下特征：（1）以销售合作社或联合社生产加工的某一类或某几种具有较高附加值的特色农副产品为主，如蜂产品、藕制品、豆制品、茶叶、果品以及葫芦、草席等民俗工艺品等；（2）有固定经营场所，且多选址在中高档小区、商场或市中心，以交通便利、人流量大为原则；（3）包装以中高档礼品型为主，突出当地风情和地域特色。兼具批发、零售功能，既立足本地市场，面向社区居民销售或向当地超市供货，又辐射周边乃至全国，在其他大中城市设立连锁店，发挥批发代理作用。

综合展销的主要优点是：店面形象上佳，经济效益良好，容易打造品牌，扩大市场影响；缺点是较少提供生鲜农产品，与居民生活的密切度较低。这种类型一般适用于生产附加值较高的农副产品或能够对农产品进行加工、包装的合作社与城市中高端消费群体的对接。

◉ 农民专业合作社如何与龙头企业密切合作？

农民专业合作社在自身不具备单独办加工企业的实力时，可探索与各类农业龙头企业合作，使合作社分享加工环节利润。在“合作社＋龙头企业”模式中，一方面农民专业合作社发挥服务功能，向农户提供产前、产中、产后服务；另一方面发挥中介功能，代表分散农户与龙头企业对话，既转达企业对分散农户的意见，更捍卫农户的权益。这种模式有利于节省公司与农户之间分散交易的成本，提高农户的谈判能力。

另外，由于农村社区的文化传统与亲缘、地缘的关系，农民专业合作社会把满足成员的利益作为主要目标，较易与农户形成风险共担、利益共享的利益分配机制，带动农民增收。如重庆市丰都县龙河镇栗子乡农民专业合作社与该县粮食局签订了1万亩2000吨高山优质大米生产、收购合同。县粮食局直属库是一个集粮油收购、加工、贸易于一体的国有粮食企业。专业合作社协调成员进行无公害水稻生产，粮食企业以每千克高于当年市场价0.2元的价格收购农民稻谷。仅此一项，就使农民每户增收 500 元。

此外，农民专业合作社还可以采用招商引资、股份合作等方式，与农业龙头企业或其他经济组织联合创办加工企业，也可以直接入股龙头企业，与龙头企业结成利益共同体。既可节省自办加工企业的成本，规避投资风险，同时又能分享到加工环节的利润。除了产后加工销售环节的农企对接，合作社也可以尝试与农资企业进行产前环节的农企对接，降低农业生产成本。

◉ 农民专业合作社如何开展农校对接?

农校对接是实现农民专业合作社与高校食堂的直接对接。农校对接可以减少高校农产品采购环节，降低食堂采购成本，更好地保障师生食品安全，对促进高校稳定和农民增收均具有重要意义。与超市较为稳定的消费市场不同，高校消费群体具有相对集中、规模庞大、季节性强、需求多元和政治敏感等特点。要满足高校消费群体对农产品的种种特殊要求，单靠一家一户的农民专业合作社或生产基地是很难做到的，这就成为农校对接的障碍。现有的一对一的操作方式看来是不行的。只有多家农校单位共同参与，共同协作，优势互补，才能找到一个协调农民“菜园子”与高校“菜篮子”之间供求平衡的好办法。

农校对接虽然困难重重，但是前途光明，对农校双方依然具有很强的吸引力。首先，这就需要农校双方坚定信心，开拓创新，把农校对接尝试继续搞下去，决不能半途而废。其次，农校双方要互相宽容，顾全大局，主动让利，比如在农校对接运输成本谁来承担的问题上，要有共担风险的勇气和魄力，不要只想着自己一方合适。

只要农校双方形成默契，达成共识，组成紧密的合作关系，就有可能实现双赢的局面。

◉ 农民专业合作社如何把产品卖个好价钱？

随着我国农业的发展，部分农产品已出现了结构性、区域性过剩现象，卖难问题越来越突出。合作社可根据实际情况选择恰当的营销策略进行产品销售。

1. 生产名特优产品。实施“良种工程”，加速淘汰滞销品种，以质取胜，以优增收，以名特优促发展，在提高产品档次上下功夫。

2. 上市之前先摸底。农产品在需求上存在着地域差异，许多专业合作社在产品上市之前就已摸清市场的购销动向、行情走势，瞄准了销售对象，并建立起较为稳定的直线流通渠道，产品一上市就可销售出去。

3. 不赶旺季赶淡季。农产品由于气候、品种等因素直接影响着市场，随着季节的变化产品存在着较大的价格差，如蔬菜、瓜果等农产品，旺季和淡季的价格往往相差很大。合作社应该掌握这个规律，努力发展早熟和反季节品种，使产品上市时间提前或推迟，或者在生产旺季时将一些农产品进行保鲜贮藏，等到淡季出售，卖出好价钱。

4. 寻找多种销售渠道。在市场经济条件下，寻找多种渠道，使产品能及时销售出去，减少不必要的损耗，不失为明智之举。在这方面可以找购销、贩运专业户经销；还可以采取联合体的办法，搞产供销一条龙经营，平等互利，共同受益。

5. 利用媒体“喊”着卖。有的农产品质量很好却卖不出去的原因就在于缺乏市场知名度。近年来，现代大众传媒，如期刊、报纸、电视、广播、网络等，已逐渐成为农村农副产品推销的主要媒体。可以尝试着通过大众传媒发布信息，让销地市场从中捕获产地信息，激发市场需求，从而促进销售。

6. 展示展销。推动合作社参加优质（特色）农产品博览会、展示会、推介会及经贸洽谈会，参与国内外的农产品博览会。有条件的合作社要借国家优惠政策，推动建立专业合作社农产品展示、展销中心，搞好产销衔接，强化营销宣传推介，培育市场品牌、提升市场影响力，更有效地占领国内外市场。

7. 选好运输方式。在得知某地急需哪种农产品的准确信息后，还应考虑运输方式。对于一些急需的瓜、果、菜等农产品，远距离运输宜采用快捷运输方式，虽然运输费用稍高一些，但如果及时抓住市场，所获的利润也往往比较丰厚。同时对于一些耐贮藏的农产品，如马铃薯、生姜、大蒜等可利用当地的铁路资源，发挥运输成本低的优势，在销售地形成价格差进行销售。

◉ 农民专业合作社如何发展电子商务？

农民专业合作社发展电子商务营销是一种新的营销形式，目前在全国各地都只是起步阶段，但也不乏成功案例。国外经验表明，合作社借助电子信息平台开展农产品营销是大有作为的，很值得合作社结合自身特点进行有针对性的探索。目前，合作社电子商务营销主要有如下三种形式：

1. 合作社自办网站。通过网络与客商进行产销对接，将产品销到国内外。例如，北京市已有 200 多家专业合作社建立了自己的网站或网页。北京市大兴区建立电子商务交易体系营销模式，初步建立“网上交易，网下配送”架构。2009 年，农副产品电子商务成交额达到 1000 余万元，作出了创新性探索。

2. 网上开店。合作社可以进驻阿里巴巴、淘宝等网上交易平台，实现合作社农副产品的网上营销。相比合作社自办运营网站，入驻成熟电子商务平台的成本相对较低。

3. 网上联合社营销模式。例如，2008 年，北京市房山区依托“房山农合网”构建了“网上联合社”，网上联合社开通运营两年内，为 120 家合作社建立网店，推介会员产品 562 种，涉及成员及带动农户 20059 户，累计实现经营收入 1700 万元。网上联合社网站设立合作社简介、产品展厅、管理建设、技术服务等栏目，为合作社进行产品宣传，为成员提供技术服务，树立合作社文化形象，加强合作社对外交流。网上联合社信息服务平台的开通，为合作社成员拓宽了收入渠道，提高了社员的收入。

合作社在发展电子商务时，需要解决如下问题：一是人才短缺，特别是专业的电子商务人才。而吸引优秀的电子商务专业人才对单个合作社来说成本很高，对销售人员进行电子商务专业培训可能更适合目前合作社的发展实际。二是资金困难。要运营好网站需要有持续的资金投入，很多合作社在发展电子商务初期会有投入，而在后期往往荒废，导致前功尽弃。三是合作社品牌推广存在一定难度，尤其是规模不大的合作社。其生产的农副产品不具备规模效应或品牌效应，进行电子商务时的投入产出比很低。

◉ 农民专业合作社产品如何出口?

我国当前的外经贸企业主要有以下几大类型：外贸公司（包括部委、省级外贸公司和地市县级外贸公司）、生产企业、科研院所、商业物资企业和对外经贸企业等。按照进一步深化外贸体制改革的要求，政府有关部门进一步放宽了外贸经营权的限制。在目前仍实行审批许可制度的情况下，加快赋予符合条件的生产企业、科研院所和其他（含私营企业）有实力的经济实体进出口经营权。

就农民专业合作社而言，可以参考私营生产企业申请自主进出口权的方法。同时，具备下列条件的私营生产企业可申请自营进出口权：已经在生产企业所在地市场监督管理机关依法登记注册、领取了营业执照，注册资本和净资产均在850万元以上；连续两年年销售收入、出口供货额分别在5000万元和100万美元（机电产品生产企业年销售收入、出口供货额分别在3000万元和50万美元）以上；具有自营进出口业务所必需的专业人员。企业申报材料需要有：私营生产企业或科研院所申请自营进出口权的报告；企业或院所章程；企业法人营业执照（正本复印件）；市场监督管理机关出具的连续两年企业年检合格证明和资产情况证明；申请的自营进出口商品目录；代理出口的外贸企业出具的出口供货证明材料；县级以上税务部门出具的纳税证明；高新技术企业需出具科技主管部门颁发的《高新技术企业证书》。

在申报程序上，地方企业由各省、自治区、直辖市及计划单列市商务厅（局）向商务部申报。部委直属企业由各主管部门向商务部申报。申报过程中需要提交的材料包括：企业经营进出口业务的可行性报告；企业行政主管部门意见；企业前一年经营情况（须提供销售统计表并要求主管部门和地方统计部门盖章确认）和进出口实绩；企业法人营业执照（复印件）；统一配送中心的情况（所在地、规模等）；企业申请经营的进出口商品目录。

从目前各地实践情况看，我国合作社做出口业务的基本模式主要有：一是找代理商代理。如北京市的一家果品合作社，在取得自主进出口经营权的相关证件后，很难通过自己的力量开展进出口业务。后来就找到山东省的一家代理公司，通过它做出口贸易。其实这种代理商也不算是非常正规的代理商，而属于那种半正式的代理商，公司本身就做进出口业务，销售的同时捎带脚儿帮合作社销售，最后按销售额赚取佣金。二是靠龙头企业。江西省赣州市有一家脐橙专业合作社，当地龙头企业负责收购脐橙。这种模式其实是双赢的，企业不仅具有营销渠道，而且收购价格也可以达到农民的心理预期。对于龙头企业来讲也有了稳定的货源，收购后公司再统一进行打蜡、分装、出口，以企业的名义销往国外。三是龙头企业领办合作社。目前，有些具有进出口业务的龙头企业领办合作社，待产品销售后将盈余返还给农民。山西省有一家酥梨合作社，就是采用当地龙头企业和农民一起办合作社的模式，农民负责生产梨，企业负责做出口，销售后将各种成本扣除后，按照交易额的 60% 返还给农民。

虽然目前我国做出口业务的合作社所占的比例还很小、很有限，但是它的优越性已经体现出来。福建省有家企业向欧盟出口水果，经常会面临一些抽检，可以说是面临贸易壁垒。后来这家企业成立了合作社，以合作社的名义出口后就再也没有出现这样的问题。这是因为合作社的产品本身就具备有机产品认证，在国外市场上，合作社作为生产组织来销售产品，信誉度较好。后来这家企业就把经营出口权转给了合作社，再做出口贸易就很少遇到贸易壁垒。此外，合作社办理出口业务过程中，在处理基本的基地备案、加工厂备案程序之外，还应注意如下问题：第一，在进行产品出口前，要认真核实出口产品是否在进口国的进口商品目录中；第二，合作社产品出口前，一定要了解进口国对于农药残留问题的标准；第三，合作社需要强化自身实力，保证产品供应。

◉ 农民专业合作社如何兴办企业？

《中共中央、国务院关于做好2023年全面推进乡村振兴重点工作的意见》提出要实施农产品加工业提升行动，支持家庭农场、农民合作社和中小微企业等发展农产品产地初加工，引导大型农业企业发展农产品精深加工。合作社自办企业，实际上是指合作社通过向产业价值链的上下游延伸，自办上下游企业（下游如农产品加工企业，上游如饲料、肥料企业等），更多地降低费用、提高收益，更好地服务成员、走向市场。合作社自办企业的好处是显而易见的，生产更具有计划性，经营更具有进取性，更有利于实施标准化生产，更有利于进行品牌建设，从而使成员能够获得更多的收益。合作社自办加工企业还需要注意一些问题：

首先，合作社自办企业要考虑必要性。应该明确指出，并不是所有的合作社都有必要自办企业或马上办。无论对于许多有着稳定的市场渠道和收益预期的合作社而言，还是对于许多还不具有相关能力和条件的合作社而言，都不必急于自办企业。

其次，合作社自办企业要考虑可能性。办企业与办合作社不一样，它必须具有一定的资本金及流动资金、市场营销能力、生产加工技术以及相关的品牌建设能力和市场经营人才。显然，这些条件绝不是每个合作社目前都能够达到的。

最后，合作社自办企业要考虑可控性。合作社自办企业是为了成员的整体利益，而不是为了几个核心成员的个人利益。因此，一定要明晰产权关系，坚持民主控制，防止“内部人控制”，在维护成员主体地位与激励经理人经营行为之间寻求适当的平衡点。

柒

第七编

年度报告

◉ 农民专业合作社需要年度报告吗？依据是什么？

2014 年 10 月 1 日，国家工商行政管理总局制定的《农民专业合作社年度报告公示暂行办法》正式施行。依据该办法第四条第一款“农民专业合作社应当于每年 1 月 1 日至 6 月 30 日，通过企业信用信息公示系统向工商行政管理部门报送上一年的年度报告，并向社会公示”的规定，农民专业合作社自 2015 年 1 月 1 日起，需要报送并公示上一年的年度报告。

◉ 农民专业合作社年度报告报送哪些内容？

农民专业合作社年度报告内容主要包括：

1. 行政许可取得和变动信息。
2. 生产经营信息。
3. 资产状况信息。
4. 开设的网站或者从事网络经营的网店的名称、网址等信息。
5. 联系方式信息。
6. 国家工商行政管理总局要求公示的其他信息。

◉ 农民专业合作社年度报告内容的时间节点有何规定？

《农民专业合作社年度报告公示暂行办法》第五条第四、五项报送的信息为报送年度报告时的信息；其他报送的信息为所报告年份 12 月 31 日的信息。

◉ 农民专业合作社发现公示信息不准确时该怎么办？

农民专业合作社发现其公示的年度报告内容不准确的，应当及时更正，更正应当在每年 6 月 30 日之前完成。更正前后内容同时公示。

◉ 发现农民专业合作社公示信息虚假或有疑问时该怎么办？

公民、法人或者其他组织发现农民专业合作社公示的信息虚假，可以向市场监督管理部门举报。所在地市场监管机构自接到举报材料之日起 20 个工作日内进行核查，予以处理，并将处理情况书面告知举报人。

公民、法人或者其他组织对公示的农民专业合作社信息有疑问的，可以向市场监督管理部门申请查询，市场监管机构自收到申请之日起 20 个工作日内核实疑问信息出处，书面答复申请人。

◉ 哪些情形会被列入企业经营异常名录？

有下列情形之一的，由县级以上市场监督管理部门列入企业经营异常名录，通过企业信用信息公示系统向社会公示，提醒其履行公示义务；情节严重的，由有关主管部门依照有关法律、行政法规规定给予行政处罚；造成他人损失的，依法承担赔偿责任；构成犯罪的，依法追究刑事责任。

1. 农民专业合作社未按照《农民专业合作社年度报告公示暂行办法》规定的期限公示年度报告。市场监管机构在当年年度报告公示结束之日起 10 个工作日内作出将其列入经营异常名录的决定，并予以公示。

2. 农民专业合作社公示信息隐瞒真实情况、弄虚作假的。通过抽查或者根据举报进行核查查实，市场监管机构自查实之日起 10 个工作日内作出将其列入经营异常名录的决定，并予以公示。

3. 通过登记的住所或者经营场所无法联系的。市场监管机构自查实之日起 10 个工作日内作出将其列入经营异常名录的决定，并予以公示。

◉ 农民专业合作社如何移出经营异常名录？

被列入经营异常名录的农民专业合作社，依照《农民专业合作社年度报告公示暂行办法》规定履行公示义务的，由县级以上市场监督管理部门移出经营异常名录。

1. 未按期公示被列入经营异常名录的农民专业合作社，可以在补报未报年份的年度报告并公示后，向市场监督部门申请移出经营异常名录。市场监督部门自收到申请之日起 5 个工作日内作出移出决定。

2. 隐瞒真实情况、弄虚作假、被列入经营异常名录的农民专业合作社，更正其公示的信息后，可以向市场监督部门申请移出经营异常名录。市场监督部门自查实之日起 5 个工作日内作出移出决定。

3. 无法取得联系被列入经营异常名录的农民专业合作社，在依法办理住所或者经营场所变更登记，或者农民专业合作社提出通过登记的住所或者经营场所可以重新取得联系的，可以向市场监督部门申请移出经营异常名录。市场监督部门自查实之日起 5 个工作日内作出移出决定。

捌

第八编

扶持政策

◉ 农民专业合作社可以享受国家哪些扶持政策?

《农民专业合作社法》第七章明确了国家支持农民专业合作社发展的扶持政策措施，提出了农民专业合作社可以享受产业政策倾斜、财政扶持、金融支持、税收优惠四种国家扶持政策的支持。

1. 产业政策倾斜。《农民专业合作社法》第六十四条规定："国家支持发展农业和农村经济的建设项目，可以委托和安排有条件的农民专业合作社实施。"农民专业合作社作为市场经营主体，由于竞争实力较弱，应当给予产业政策支持，把合作社作为实施国家农业支持保护体系的重要方面。符合条件的农民专业合作社可以按照政府有关部门项目指南的要求，向项目主管部门提出承担项目申请，经项目主管部门批准后实施。

2. 财政扶持。《农民专业合作社法》第六十五条规定："中央和地方财政应当分别安排资金，支持农民专业合作社开展信息、培训、农产品标准与认证、农业生产基础设施建设、市场营销和技术推广等服务。国家对革命老区、民族地区、边疆地区和贫困地区的农民专业合作社给予优先扶助。"目前，我国农民专业合作社经济实力还不强，自我积累能力较弱，给予专业合作社财政资金扶持，就是直接扶持农民、扶持农业、扶持农村。

3. 金融支持。《农民专业合作社法》第六十六条规定："国家政策性金融机构应当采取多种形式，为农民专业合作社提供多渠道的资金支持。具体支持政策由国务院规定。""国家鼓励商业性金融机构采取多种形式，为农民专业合作社及其成员提供金融服务。"

4. 税收优惠。农民专业合作社作为独立的农村生产经营组织，可以享受国家现有的支持农业发展的税收优惠政策。《农民专业合作社法》第六十七条规定："农民专业合作社享受国家规定的对农业生产、加工、流通、服务和其他涉农经济活动相应的税收优惠。""支持农民专业合作社发展的其他税收优惠政策，由国务院规定。"

◉ 农民专业合作社可以享受哪些税收优惠政策?

税收优惠，是指政府根据国家法律、行政法规以及有关的方针政策，利用税收制度，减少特定纳税人应履行的纳税义务，以此来补贴纳税人的某些活动或者相应的纳税人行为。针对农民专业合作组织的税收优惠政策有两个方面：一是享受国家规定的对农业生产、加工、流通、服务和其他涉农经济活动相应的税收优惠；二是针对农民专业合作社发展的特别税收优惠扶持政策，特别规定主要是针对增值税。

1. 所得税方面。

（1）财政部、国家税务总局《关于企业所得税若干优惠政策的通知》（财税字〔1994〕001 号）规定，对农村的为农业生产的产前、产中、产后服务的行业，即农民专业技术协会、专业合作社等，对其提供的技术服务或劳务所取得的收入暂免征收所得税。

（2）财政部、国家税务总局《关于国有农口企事业单位征收企业所得税问题的通知》（财税字〔1997〕第 049 号），对国有农口企事业单位从事种植业、养殖业和农林产品初加工业取得的所得暂免征收企业所得税。

（3）国家税务总局《关于明确农业产业化国家重点龙头企业所得税征免问题的通知》（国税发〔2001〕124 号）明确规定，对从事种植业、养殖业和农林产品初加工的农业产业化国家重点龙头企业暂免征收企业所得税。

（4）国家税务总局《关于贯彻〈中共中央、国务院关于促进农民增加收入若干政策的意见〉落实有关税收优惠的公告》明确规定，对专营种植业、养殖业、饲养业和捕捞业的个体工商户或个人，对其所得不再征收个人所得税。

（5）国家确定的贫困县的农村信用社可定期免征企业所得税。其他地区的微利农村信用社可按照一般微利企业减低税率征收企业所得税。

2. 增值税方面。

（1）《中华人民共和国增值税暂行条例》第十六条免征增值税条款规定，农业生产者销售的自产农业产品免征增值税。

（2）财政部、国家税务总局《关于农业生产资料免征增值税政策的通知》（财税〔2001〕113 号）明确了部分农业生产资料免征增值税的规定，生产销售农膜，除尿素以外的氮肥、除磷酸二铵以外的磷肥、钾肥以及以免税化肥为主要原料的复合肥，部分农药、除草剂，批发和零售的种子、种苗、化肥、农药、农机等免征增值税。

（3）财政部、国家税务总局《关于饲料产品免征增值税问题的通知》（财税〔2001〕121 号）明确了部分饲料产品免征增值税的规定，免税饲料产品范围包括单一大宗饲料、混合饲料、配合饲料、复合预混料和浓缩饲料。

（4）对合作社销售的农产品，符合《中华人民共和国增值税暂行条例》第二条第二款规定范围的，按 13% 的税率计征增值税。

（5）部分省（区、市）的税务部门规定，合作社销售成员和非成员生产和初加工的农产品免征增值税。

（6）财政部、国家税务总局《关于农民专业合作社有关税收政策的通知》（财税〔2008〕81号），除对合作社农业产品和农资购销免征印花税外，还对增值税作出了优惠规定，对农民专业合作社销售本社成员生产的农业产品，视同农业生产者销售自产农业产品免征增值税；增值税一般纳税人从农民专业合作社购进的免税农业产品，可按13%的扣除率计算抵扣增值税进项税额；对农民专业合作社向本社成员销售的农膜、种子、种苗、化肥、农药、农机，免征增值税。

3. 营业税方面。

（1）《中华人民共和国营业税暂行条例》第八条规定，农业机耕、排灌、病虫害防治、植物保护、农牧保险以及相关技术培训业务，家禽、牧畜、水生动物的配种和疾病防治，免征营业税。

（2）1994年税改后营业税的免税项目规定，由国家社团主管部门批准成立的非营利性社会团体按规定标准收取的会费等，不征收营业税。

（3）财政部、国家税务总局《关于对若干项目免征营业税的通知》（财税字〔1994〕第2号）规定，将土地使用权转让给农业生产者用于农业生产，免征营业税。

（4）国家税务总局《关于农业土地出租征税问题的批复》规定，将土地承包（出租）给个人或公司用于农业生产收取的固定承包金（租金）免征营业税。

（5）国务院《关于调整金融保险业税收政策有关问题的通知》（国发〔1997〕5号）规定，对农村信用社营业税，在1997年12月31日前减按5%税率征收，1998年1月1日起恢复按8%的税率征收（注：后来实际是改为按 6% 税率征税）。

4. 部分地方税收规定。

各地方政府重视发挥合作社的作用，扶持合作社发展的政策更加具体，税收更加优惠。

（1）免征房产税和城镇土地使用税。浙江、黑龙江、江西等省免征合作社部分房产税和城镇土地使用税。浙江省地方税务局《关于农民专业合作社若干税费政策问题的通知》规定，对合作社的经营用房，免征房产税和城镇土地使用税。黑龙江、江西等地也有类似规定出台。

（2）灵活抵扣增值税。江苏、广东等省规定，合作社普通发票具有与增值税发票相同的效力，广东省国家税务局《关于进一步加强农民专业合作社税收管理有关问题的通知》规定，增值税一般纳税人从农民专业合作社购进免税农业产品，凭合作社开具的农产品销售发票上注明的农产品买价和 13% 的扣除率计算抵扣增值税进项税额。

（3）扩大增值税优惠范围。浙江、江西等省扩大增值税优惠范围。浙江省制定的《浙江省农民专业合作社条例》规定，合作社销售非成员农产品不超过合作社成员自产农产品总额部分，视同农户自产自销。

（4）免征营业税。黑龙江、安徽、江西、四川、湖南、重庆等地免征合作社部分营业税。黑龙江省制定的《黑龙江省农民专业合作社条例》规定，合作社从事农业机耕、排灌、病虫害防治、植物保护、农牧保险以及相关技术培训业务，家禽、牲畜、水生动物的配种和疾病防治，免征营业税。四川、湖南、重庆等地也都作出类似规定。浙江省进一步对从事农业机耕、排灌、病虫害防治、植保、农牧保险以及相关技术培训业务，家禽、牲畜、水生动物的配种和疾病防治所取得的收入，免征营业税、城建税、教育费附加和地方教育费附加。对农民个人发展农家乐休闲旅游、红色旅游、森林旅游和民俗风情旅游，按期纳税的营业税起征点提高到5000元。对为农村提供垃圾处理、污水处理和保洁服务取得的劳务收入，免征营业税、城建税、教育费附加、地方教育费附加和水利建设专项资金。

（5）扩大免征印花税范围。江西省农业厅、财政厅等八部门联合印发的《关于加快农民专业合作社发展的若干意见》规定，被国家指定为收购部门的农民专业合作社，与村民委员会、农民个人订立的农副产品收购合同免纳印花税。

（6）免征税务登记证工本费。重庆、广东、山东、安徽、辽宁等地免征合作社税务登记证工本费。重庆市农委、税务局联合印发的《关于做好农民专业合作社税收优惠工作的通知》，要求重庆市各国税、地税部门要积极引导合作社按照税法的规定办理税务登记证，落实免收税务登记工本费的政策。广东、山东、安徽、辽宁等地也有类似规定出台。

（7）灵活核定纳税申报期限。重庆市《关于做好农民专业合作社税收有关工作的通知》规定，要从合作社生产销售的实际情况出发，注意区分季节性、临时性生产销售行为和不间断、经常性生产销售行为，根据税法规定，灵活核定合作社的纳税申报期限。

（8）提供税收咨询和服务。重庆市《关于做好农民专业合作社税收有关工作的通知》规定，各地国税、地税部门应有针对性地对本区域合作社开展办税辅导，解答有关合作社涉税规定的咨询，一次性告知办理发票领购、享受税收减免所需资料、办理流程等，对符合政策规定的合作社辅导其办理减免税手续，为农民提供便捷、高效的服务。

◉　农民专业合作社如何申请享受税收优惠政策？

申请享受税收优惠政策的合作社，应当是生产经营活动开展正常，经营活动成果核算完整准确、运作规范的合作社。具体来说，应该具备以下条件：一是有完整的社员账户，包括社员的姓名、住址、身份证号码、经营产品范围等；二是有健全的财务账户，包括入股的资金及比例、交易额、总账和相应的明细账等。符合上述条件的农民专业合作社应向当地税务部门提出申请，申请时要提供合作社营业执照、税务登记证复印件和当地税务部门需要的其他相关证件，优惠标准根据财政部、国家税务总局《关于农民专业合作社有关税收政策的通知》规定，经主管税务机关审核，对于符合享受税收优惠政策条件和要求的农民专业合作社，销售本社社员自产和初加工的农产品，给予相应的税收优惠。

具体来说，申请享受退税优惠政策的一般程序：

（1）申请：纳税人申请退税，应如实填写《退税申请审批表》并同时提供相关的证明文件、证件、资料（提交资料时由纳税人填写《税务文书附送资料清单》），包括书面申请、完税凭证复印件、批准文件（如减免税批复）或税务部门已核实的各类清算表、结算表、处理决定书。

（2）受理：地方税务机关对纳税人报送的文件、证件及有关资料进行审核，对文件、证件及资料齐全且无误的予以受理，并进行受理文书登记，同时打印《税务文书领取通知书》交给纳税人；对文件、证件及资料不齐全或者有误的，应当场说明并一次性告知补正内容。

（3）退税：地方税务机关查实后办理退还手续，打印《中华人民共和国税收收入退还书》送国库办理退税手续。经查核不符合退税条件的，将报送文件、证件、资料退回纳税人。

《农民专业合作社示范社创建标准（试行）》中对合作社示范社的创建标准进行了详细规定：

1. 民主管理好。

（1）依照《农民专业合作社法》登记设立，在工商行政管理部门登记满 2 年，有固定的办公场所和独立的银行账号，组织机构代码证、税务登记证齐全。

（2）根据本社实际情况并参照农业农村部《农民专业合作社示范章程》制定章程，建立完善的财务管理制度、财务公开制度、社务公开制度、议事决策记录制度等内部规章制度，并认真执行。

（3）每年至少召开 1 次成员（代表）大会并有完整会议记录，所有出席成员在会议记录上签名。涉及重大财产处置和重要生产经营活动等事项由成员（代表）大会决议通过，切实做到民主决策。

（4）成员（代表）大会选举和表决实行一人一票制，或一人一票制加附加表决权的办法，其中附加表决权总票数不超过本社成员基本表决权总票数的 20%，切实做到民主管理。

（5）按照章程规定或合作社成员（代表）大会决议，建立健全社务监督机构，从本社成员中选举产生监事会成员或执行监事，或由合作社成员直接行使监督权，切实做到民主监督。

（6）根据会计业务需要配备必要的会计人员，设置会计账簿，编制会计报表，或委托有关代理记账机构代理记账、核算。财会人员持有会计从业资格证书，会计和出纳互不兼任。理事会、监事会成员及其直系亲属不得担任合作社的财会人员。

（7）为每个成员设立成员账户，主要记载该成员的出资额、量化为该成员的公积金份额、该成员与本社的交易情况和盈余返还状况等。提取公积金的合作社，每年按照章程规定将公积金量化为每个成员的份额并记入成员账户。

（8）可分配盈余按成员与本社的交易量（额）比例返还，返还总额不低于可分配盈余的60%。

（9）每年组织编制合作社年度业务报告、盈余分配方案或亏损处理方案、财务状况说明书，并经过监事会（执行监事）或成员直接审核，在成员（代表）大会召开的15日前置于办公地点供成员查阅，并接受成员质询。监事会（或执行监事）负责对本社财务进行内部审计，审计结果报成员（代表）大会，或由成员（代表）大会委托审计机构对本社财务进行审计。自觉接受农村经营管理部门对合作社财务会计工作的指导和监督。

2. 经营规模大。

（1）所涉及的主要产业是县级或县级以上行政区域优势主导产业或特色产业。经营规模高于本省同行业农民专业合作社平均水平。

（2）农机专业合作社拥有农机具装备20台套以上，年提供作业服务面积达到1.5万亩以上。

3. 服务能力强。

（1）入社成员数量高于本省同行业农民专业合作社成员平均水平，其中，种养业专业合作社成员数量达到150人以上。农民占成员总数的 80% 以上，企业、事业单位和社会团体成员不超过成员总数的 5%。

（2）成员主要生产资料（初入社自带固定资产除外）统一购买率、主要产品（服务）统一销售（提供）率超过 80%，标准化生产率达到 100%。

（3）主要为成员服务，与非成员交易的比例低于合作社交易总量的 50%。

（4）生产鲜活农产品的农民专业合作社参与农超对接、农校对接，或在城镇建立连锁店、直销点、专柜、代销点，实现销售渠道稳定畅通。

4. 产品质量优。

（1）生产食用农产品的农民专业合作社所有成员能够按照《中华人民共和国农产品质量安全法》和《中华人民共和国食品安全法》的规定，建立生产记录制度，完整记录生产全过程，实现产品质量可追溯。

（2）生产食用农产品的农民专业合作社产品获得无公害产品、绿色食品、有机农产品或有机食品认证。生产食用农产品的农民专业合作社主要产品拥有注册商标。

5. 社会反响好。

（1）享有良好社会声誉，无生产（质量）安全事故、行业通报批评、媒体曝光等不良记录。

（2）成员收入高于本县域内同行业非成员农户收入 30% 以上，成为农民增收的重要渠道。

从 2006 年开始，各地农业部门因地制宜，广泛开展多种形式的农民专业合作社示范社建设。在示范社的申报过程中，各地农业部门以《农民专业合作社示范社创建标准（试行）》作为参考依据，大多采取由农民专业合作社提交申报材料，然后由县、市、省等分管部门组织专家进行评审，最后确定示范社名单的申报方式。如安徽省在2012年度专门下发了《关于开展2012年度省级农民专业合作社示范社申报评选工作的通知》，规定示范社申报的条件必须符合《安徽省农民专业合作社示范社创建标准》规定的基本条件和创建标准，2010年以来被评为市级农民专业合作社示范社。同等条件下，参加2011年信用合作、党组织建设、产业联合社、市场开拓试点示范，以及积极参加农业农村部和省农委组织开展的各项重大活动的农民专业合作社优先推荐。在申报程序上采取县（市、区）农委按照省级示范社评选条件和创建标准，认真研究，择优推荐，以正式文件向市农委申报，经市农委审查后报省农委。省农委组织专家对各市申报的省级农民专业合作社示范社进行评审，经省农委抽查、审定后，在安徽农业信息网公示，无异议，报请以省新农村建设工作领导小组文件公布评选结果。

◉　什么是国家农民专业合作社示范社？

国家农民专业合作社示范社是指按照《中华人民共和国农民专业合作社法》《农民专业合作社登记管理条例》等法律法规规定成立，达到规定标准，并经全国农民合作社发展部际联席会议评定的农民专业合作社。

◉ 国家农民专业合作社示范社应符合哪些标准?

国家农民专业合作社示范社应符合七条认定标准:

1. 依法登记设立。

(1)依照《中华人民共和国农民专业合作社法》登记设立,运行 2 年以上。登记事项发生变更的,农民专业合作社依法办理变更登记。

(2)组织机构代码证、税务登记证齐全。有固定的办公场所和独立的银行账号。

(3)根据本社实际情况并参照《农民专业合作社示范章程》、《林业专业合作社示范章程(示范文本)》,制定章程。

2. 实行民主管理。

(1)成员(代表)大会、理事会、监事会等组织机构健全,运转有效,各自职责和作用得到充分发挥。

(2)建立完善的财务管理、社务公开、议事决策记录等制度,并认真执行。

(3)每年至少召开 1 次成员(代表)大会并有完整会议记录,所有出席成员在会议记录或会议签到簿上签名。涉及重大财产处置和重要生产经营活动等事项由成员(代表)大会决议通过。

(4)成员(代表)大会选举和表决实行一人一票制,或采取一人一票制加附加表决权的办法,附加表决权总票数不超过本社成员基本表决权总票数的 20%。

3. 财务管理规范。

(1)配备必要的会计人员,设置会计账簿,编制会计报表,或委托有关代理记账机构代理记账、核算。财会人员持有会计从业资格证书，会计和出纳互不兼任。财会人员不兼任监事。

（2）成员账户健全，成员的出资额、公积金量化份额、与本社的交易量（额）和返还盈余等记录准确清楚。

（3）可分配盈余按成员与本社的交易量（额）比例返还，返还总额不低于可分配盈余的60%。与成员没有产品或服务交易的股份合作社，可分配盈余应按成员股份比例进行分配。

（4）每年编制年度业务报告、盈余分配方案或亏损处理方案、财务会计报告，经过监事会审核，在成员（代表）大会召开的15日前置于办公地点供成员查阅，理事会接受成员质询。

（5）监事会负责对本社财务进行内部审计，审计结果报成员（代表）大会。成员（代表）大会也可以委托审计机构对本社财务进行审计。

（6）国家财政直接补助形成的财产平均量化到成员账户，并建立具体的项目资产管理制度。

（7）按照《农民专业合作社财务会计制度（试行）》规定，年终定期向工商登记机关和农村经营管理部门报送会计报表。

4. 经济实力较强。

（1）成员出资总额100万元以上。

（2）固定资产：东部地区200万元以上，中部地区100万元以上，西部地区50万元以上。

（3）年经营收入：东部地区500万元以上，中部地区300万元以上，西部地区150万元以上。

（4）生产鲜活农产品（含林产品，下同）的农民专业合作社参与农社对接、农超对接、农企对接、农校对接等，进入林产品交易市场和林产品交易服务平台流通，销售渠道稳定畅通。

（5）生产经营、财务管理、社务管理普遍采用现代技术手段。

5. 服务成效明显。

（1）坚持服务成员的宗旨，以本社成员为主要服务对象。

（2）入社成员数量高于本省（区、市）同行业农民专业合作社平均水平，其中，种养业合作社成员数量达到 100 人以上（特色农林种养业合作社成员数量可适当放宽）。农民成员占合作社成员总数的 80% 以上，企业、事业单位和社会团体成员不超过成员总数的 5%。

（3）成员主要生产资料统一购买率、主要产品（服务）统一销售（提供）率超过 80%，新品种、新技术普及推广。

（4）带动农民增收作用突出，成员收入高于本县（市、区）同行业非成员农户收入 30% 以上。

6. 产品（服务）质量安全。

（1）广泛推行标准化，有严格的生产技术操作规范，建立完善的生产、包装、储藏、加工、运输、销售、服务等记录制度，实现产品质量可追溯。

（2）在同行业农民专业合作社中产品质量、科技含量处于领先水平，有注册商标，获得质量标准认证，并在有效期内（不以农产品生产加工为主的合作社除外）。

7. 社会声誉良好。

（1）遵纪守法，社风清明，诚实守信，在当地影响大、示范带动作用强。

（2）没有发生生产（质量）安全事故、环境污染、损害成员利益等严重事件，没有行业通报批评等造成不良社会影响，无不良信用记录。

对于从事农资、农机、植保、灌排等服务和林业生产经营的农民专业合作社，申报标准可以适当放宽。国家示范社的评定重点向生产经营重要农产品和提供农资、农机、植保、灌排等服务，承担生态建设、公益林保护等项目任务重、贡献突出的农民专业合作社倾斜。

◉ 国家农民专业合作社示范社的申报程序是什么?

国家农民专业合作社示范社的申报程序：

1. 农民专业合作社向所在地的县级农业农村行政主管部门及其他业务主管部门提出书面申请。

2. 县级农业农村行政主管部门会同农业（农机、渔业、畜牧、农垦）、水利、林业、供销社等部门和单位，对申报材料进行真实性审查，征求发改、财政、税务、市场监督、银行业监督管理机构等单位意见，经地（市）级农业农村行政主管部门会同其他业务主管部门复核，向省级农业农村行政主管部门推荐，并报省级有关业务主管部门备案。

3. 省级农业农村行政主管部门分别征求农业（农机、渔业、畜牧、农垦）、发改、财政、税务、市场监督、银行业监督管理机构、水利、林业、供销社等部门和单位意见，经专家评审后在媒体上进行公示。经公示无异议的，根据示范社分配名额，以省级农业农村行政主管部门文件向全国联席会议办公室等额推荐，并附审核意见和相关材料。

玖

第九编 法律责任

◉ 侵犯农民专业合作社及其成员财产的行为有哪些？

《农民专业合作社法》第八章“法律责任”中对当事人因违反法律规定的义务所应承担的法律后果进行了明确规定。从法律规定来看，侵犯合作社及其成员财产的行为主要包括：侵占、挪用、截留、私分或者以其他方式侵犯合作社及其成员的合法财产，造成农民专业合作社经济损失的行为。

◉ 什么是侵占农民专业合作社财产行为？如何处理？

侵占合作社财产的行为，是本合作社的有关管理或从业人员及其他当事人，以及合作社以外的有关人员通过各种不正当手段，侵犯占有合作社合法财产的行为。合作社财产，是合作社成员通过出资、经营以及其他合法途径积累起来的财产，是合作社正常开展业务，更好地为成员提供服务的财产基础，也是全体成员共同利益的体现。对于侵占合作社财产的行为必须严格予以制止并依法追究责任。

◉ 什么是挪用农民专业合作社财产行为？如何处理？

挪用合作社的财产，是指本合作社有关管理或从业人员利用职务之便，通过各种不正当手段，将合作社用以经营的财产挪用于自己个人或亲友等的某种用途，事后又予以归还的行为。挪用财产与侵占财产区别在于挪用行为在使用后再予以归还；而侵占行为，当事人就此占有，不予归还。挪用合作社财产的行为，既损害权利人的合法权益，又扰乱合作社经营秩序，影响了国家对合作社政策的实施。对上述违法行为，一是要追回挪用的财产；二是对因此取得的收入应分别收归于合作社或其成员；三是由此造成损失的应予以赔偿。

◉ 什么是截留农民专业合作社财产行为？如何处理？

截留合作社的财产，是指合作社的有关管理或从业人员利用职务之便，通过各种不正当手段，将经本人之手应收归合作社的财产予以截存或者予以挪用或者予以占有的行为。行为人截留的财产往往是合作社依据合同享有的由合同相对方或第三人向合作社履行合同、偿还债务、归还财产等向合作社交付的财产，行为人通过合法途径（保管，委托收款等）获得财产后，拒不交还给合作社的行为。对于截留合作社或者其成员合法权益的行为，应依法追究法律责任。

◉ 什么是私分农民专业合作社财产行为？如何处理？

私分合作社财产是严重损害合作社及其成员合法权益的行为。私分合作社财产，是指合作社的有关管理或从业人员利用职务之便，通过各种不正当手段，将合作社的某种财产予以隐匿转移，然后在小范围内，如几个高管人员或者某个部门几个人员间私自分配的行为。合作社财产是成员通过出资、经营以及其他合法途径积累起来的财产，是正常开展业务，更好地为成员服务的财产基础，也是全体成员利益的体现。这种财产被私分，减少了财产或利益总额，影响了合作社的经营及对成员提供的服务或者对成员的分配，破坏了合作社的经营发展。

私分合作社的财产，损害了合作社和全体成员的利益，破坏了党和国家发展合作社的政策，是一种严重的违法行为。对于这种行为必须严格予以制止并依法追究责任。对于私分的财产应予追回，由此造成合作社或其成员损失的，应责令有关当事人予以赔偿。

◉ 以其他方式侵占农民专业合作社及其成员财产的行为有哪些情形？应当如何处理？

合作社财产是成员通过出资、经营以及其他合法途径积累起来的财产，是合作社正常开展业务，更好地为成员服务的财产基础，也是全体成员利益的体现。无论以何种方式侵犯合作社的财产都会损害合作社的权益，影响合作社的经营及对成员提供的服务，从而破坏合作社的经营和发展。

以其他方式侵犯合作社或其成员财产，是指本社的有关管理或从业人员利用职务之便，通过各种不正当手段从事的除侵占、挪用、截留、私分合作社财产以外的，侵犯合作社或其成员财产的行为。以其他方式侵犯合作社或其成员的利益可能有多种表现形式，如对本社或某成员有意见，或者为泄私愤而毁损或低价处理本社财产或该成员的某种财产；为某种个人目的藏匿这种财产；有关管理人员因严重不负责任，导致发生生产事故造成本社或其成员财产损失；在经营中因过错导致某种交易失误而造成本社或其成员的损失等。

无论以何种方式对合作社或其成员的财产侵犯都损害了他们的利益，破坏了党和国家发展合作社的政策，都属于严重违法行为。对于这类行为必须严格予以制止并依法追究法律责任。

◉ 非法干预农民专业合作社及其成员生产经营活动的行为有哪些情形？应当如何处理？

合作社是依法成立的独立民事主体，具有独立民事行为能力和民事责任能力，任何组织和个人不得以任何名义侵犯合作社的经营自主权。合作社作为独立的市场主体，不隶属于任何部门，实行自主经营、自负盈亏、自担风险，享有自主经营权。作为独立的市场经济主体，合作社有健全的组织机构和严密的运行制度，按照章程开展各项活动。合作社的成员大会是合作社的权力机构，合作社的成员可以依照法律和章程的规定，参与对合作社的控制、决策和管理。合作社的理事会、监事会由成员大会选举产生，向成员大会负责并报告工作。每个成员都享有一人一票的基本表决权，合作社的重大事务都要按照少数服从多数的原则进行表决，确保成员参与决策的民主权利。合作社的人、财、物应根据合作社自己的意志进行管理和处分，任何部门、组织和个人不得非法干涉。合作社成员也是独立的生产经营主体，任何部门、组织和个人也不得非法干涉。

◉ 向农民专业合作社及其成员进行摊派的行为有哪些情形？应当如何处理？

向合作社或其成员进行摊派，是指有关政府机构或者承担某种公共管理职责的机构或人员，违反法律、行政法规规定向合作社或其成员摊派财物的行为。这种行为具体表现为：有关主体违背合作社或其成员意愿，利用其自身的某种地位或权力，强行或半强行地要求合作社或其成员无偿或者低价向其提供人力、财力、物力，包括某种强制性的赞助。摊派是改革开放过程中由于实行财政包干体制允许一些单位“创收”，而逐渐产生出来的一种对企业或个人经营者摊派财务的违法行为。从它一产生即受到有关法规和政府的禁止，国家为此还专门制定了行政法规，并在一些立法中对此作出禁止性规定。

向合作社或其成员进行摊派，损害合作社利益，影响政府及其公职机构与人员的形象，为法律明令禁止。依据《农民专业合作社法》关于“向农民专业合作社及其成员摊派，强迫农民专业合作社及其成员接受有偿服务，造成农民专业合作社经济损失的，依法追究法律责任”的规定，应责令摊派单位退回摊派的物品，由此造成合作社或其成员损失的，应承担赔偿责任。

◉ 如何指导农民专业合作社规范化运作？

1. 加强指导，规范农民专业合作社建设。

（1）指导农民专业合作社加强内部管理。

政府部门要根据《中华人民共和国农民专业合作社法》要求，围绕农民专业合作社的成立及运作过程中的每个环节加强指导。第一，要指导合作社召开设立人大会，明确合作社成立的宗旨和目标，制定完善的合作社章程，按照法定程序确定合作社组织机构，选举产生合作社领导人。第二，要指导合作社完善内部管理，建立起以民主管理、民主决策、财务管理、收益分配为重点的制度体系，形成完善的可操作的运行管理机制。第三，要指导合作社完善成员大会、成员代表大会制度，让合作社社员真正感受到合作社就是他们共同的“家”，真正体现利益共享、风险共担。第四，要指导合作社搞好盈余分配，坚持按照《农民专业合作社财务会计制度（试行）》要求进行盈余分配，做好账务处理，切实保护好每个合作社成员的利益。

（2）指导农民专业合作社做好资产和财务管理。

合作社资产和财务管理，是合作社工作中非常重要的内容，要指导合作社依据《农民专业合作社财务会计制度（试行）》要求，做好财务核算工作，同时要建立完善的资产与财务管理制度，明晰产权，明确各级政府扶持资金的适用范围，处理好国家、合作社与成员的利益关系，坚持财务公开，自觉接受每个成员的监督。

（3）指导农民专业合作社依法开展经营服务。

政府部门要结合当地资源和自身特点，选好经营项目，按照市场规律，紧紧抓住合作社发展与建设的关键点，指导合作社依法开展经营活动。引导合作社建立起依法诚信的经营理念，使合作社在市场经营中站稳脚跟。合作社的宗旨是为社员服务，要引导合作社开展服务活动，在生产资料采购、生产技术指导、信息提供等方面，解决社员在生产经营中的困难，降低成本，增加收入。

（4）指导合作社搞好盈余分配。

合作社的发展目的就是极大地调动社员的积极性，让社员得到利益。合作社的盈余分配直接关系到每个社员的切身利益，政府部门要按照法律、法规规定，指导合作社按照科学的方法，界定出资与入股的界限，兼顾各方面利益，妥善处理社员的盈余分配问题，保护每一个社员的利益不受侵害。

2. 开展服务活动，推动农民专业合作社发展。

（1）做好法律、政策的宣传、普及工作。

《中华人民共和国农民专业合作社法》是一部涉及广大农民切身利益的法律，是促进农民专业合作社规范发展的保障，政府部门及各业务部门要抓住有利时机，在农村普法、科普之冬等活动中，以农民专业合作社方面的法律法规为重点内容，采取多种形式，广泛向农民进行宣传，确保有关法律法规的宣传到基层、到农户，使法律家喻户晓，切实为广大农民和基层干部所掌握和运用。

（2）帮助农民专业合作社排忧解难。

围绕农民专业合作社发展与建设过程中遇到的各种问题，各部门要开展扎实有效的工作，帮助合作社排忧解难。一是要积极做好合作社产品直接进入大型超市、直销店等试点工作；采取各种办法组织合作社社员参加各类农产品交易洽谈会；二是要为合作社搭建信息平台、交易平台，及时提供各种政策和经营信息；三是在农民专业合作社与优秀管理人才之间建立信息沟通渠道，为合作社招聘人才拓展空间。

（3）开展培训工作。

政府职能部门要按照分类指导、分级负责、注重实效的原则，制订培训计划，大力加强对农民专业合作社指导人员及合作社负责人的培训工作，努力培养造就一批懂经营、会管理、有技术的农民专业合作社经营管理人才。要建立健全培训体系，使培训工作层次明确，具有针对性和实效性。

◉ 如何指导农民专业合作社维护自身权益?

《农民专业合作社法》第十一条规定："县级以上人民政府农业主管部门、其他有关部门和组织应当依据各自职责，对农民专业合作社的建设和发展给予指导、扶持和服务。"

目前，社会上存在着各种合作社培训、展销、论坛以及评奖等活动，科学地辨别这些活动的本质，维护合作社自身的合法权益，显得尤为重要。任何主体以其适应需要的咨询服务或者产品，与合作社或成员进行自愿交易都是法律所允许的。同样，任何违背合作社或其成员意见，强迫合作社接受有偿服务的行为都是违法的。这种行为貌似公平，实则暗中利用自己的某种优势或行政地位，提供的服务并不为接受者所需要，或者在交换价位上并不同等。这种行为，一是违背了合作社或其成员的意愿；二是这种行为的本质不在于服务，而在于有偿，即从合作社接受报酬。对这种行为，法律予以严厉禁止。对于以指导和服务为名，强迫合作社接受有偿服务的，合作社可以不接受并向有关部门举报。这些行为要依法追究有关机构及其个人的法律责任，包括给予行政处分、追究民事责任，构成犯罪的应依法追究刑事责任。

国务院办公厅发布的《关于进一步做好减轻农民负担工作的意见》(国办发〔2012〕22号）指出，“加强农民专业合作社负担监管，深入治理乱收费、乱罚款和集资摊派等问题，加大动态监管和跟踪督查力度，推动落实各项优惠扶持政策”。“加大对涉及农民利益违规违纪问题的查处力度，对向农民、村级组织和农民专业合作社违规违纪收取的各种款项，坚决予以退还；对违规使用的农民劳务，按当地工价标准给予农民合理补偿；对擅自出台、设立涉及加重农民负担的文件和收费项目、建设项目，坚决予以撤销；对擅自提高的收费标准，坚决予以降低。”这些规定，为下一步更好地落实合作社减负工作提供了政策依据。

◉ 如何处理用虚假登记材料以及其他手段取得农民专业合作社登记的行为?

提供虚假登记材料获取合作社登记，是指有关人员在合作社的设立登记中向登记机关提供虚假的申请材料，如提供虚假的出资证明或者其他财产证明、场地使用证明、业务经营证明等，以达到骗取登记目的的行为。为了支持合作社的设立与经营，农民专业合作社法并不特别要求合作社必须有多大数额的注册资本金，也没有提出太高的条件要求，只是规定了一些最基本的注册条件。由于一定的注册资本金是经营组织经营实力和承担责任能力的象征，所以在实践中，仍会有人出于某种目的而进行虚假注册。

采取其他欺诈手段取得登记，是指提供虚假申请材料以外的其他欺诈手段，如将有关资金打入验资账户，待获得注册登记后即将资金抽出；采取贿赂手段使某种具有不真实内容的合作社设立申请得以审批通过；使不具备条件的合作社取得注册登记；以及通过关系、利用人情强迫某个经办人员，将不符合条件的合作社予以注册登记的情形。

合作社是全体成员出资设立的为其生产经营提供服务的合作组织，对于符合条件的设立申请，国家予以支持，要求登记机关尽快给予登记注册。但对于不符合条件的，包括入社成员不符合规定的申请，也不能简单予以登记。《农民专业合作社法》第七十条规定："农民专业合作社向登记机关提供虚假登记材料或者采取其他欺诈手段取得登记的，由登记机关责令改正；可以处五千元以下罚款；情节严重的，撤销登记或吊销营业执照。"根据这一规定，对于上述行为，法律规定应采取以下两种方式进行处理：一是情节严重的要撤销登记，即对于没有成立合作社的真实意思，或者不是农民专业合作社，但以虚构事实、提供虚假材料等骗取合作社营业登记，以此享受获取国家有关扶持政策的情形，基于其主观恶意以及客观上带来的恶果，由登记机关对于已登记的合作社给予撤销登记的处理；二是由登记机关责令改正，即有成立合作社的真实意思，但是在申请工商登记过程中，提供虚假登记材料或者采取其他欺诈手段取得登记行为而情节比较轻微的，由登记机关责令申请人对相关的材料进行修改、补正，条件不足的进行相关的准备或充实等，使之符合登记的要求而对其进行登记。

◉ 如何处理农民专业合作社财务报告中的违法行为？

财务报告是反映合作社财务状况和经营成果的总结性书面文件，包括资产负债表、损益表、财务状况变动表（现金流量表）、有关附表以及财务说明书。提供财务报告，是指合作社的有关机构或人员依据法律规定向有关业务主管部门上报财务报告文件的行为。合作社作为一种经营主体，要依法开展经营活动，取得相关经营收益，为法定的纳税主体。法律规定，对于这样的组织有依法编制财务报告、进行会计核算、向成员大会作出财务报告并依法向有关机关上报财务报告的责任。这种向成员大会和向有关机关提交的财务报告，必须如实反映合作社经营的全部财务情况，不得在报告中作虚假记载。

财务报告中的违法行为主要包括以下两种情形：

1. 在财务报告中作虚假记载。主要是指向成员大会和向有关主管机关报送的财务报告中作虚假记载，如虚报支出、瞒报盈利、编制虚假的经营活动、偷漏税收等。财务报告是农民专业合作社一定期间财务会计核算的综合反映，只有如实记载财务会计核算情况才能使成员大会和有关机关准确了解经营与财务情况。在财务报告中作虚假记载，不仅影响成员大会和有关主管部门对情况的了解，而且给这方面的违法犯罪留下可乘之机。

2. 在财务报告中隐瞒重要事实。主要是指向成员大会和向有关主管机关报送的财务报告中隐瞒重要事实，而以不真实的情况作出报告的行为。它将导致成员大会或者有关主管部门对经营财务情况的误判。

对于在财务报告中作虚假记载或隐瞒重要事实等违法行为，《农民专业合作社法》第七十二条规定："农民专业合作社在依法向有关主管部门提供的财务报告等材料中，作虚假记载或者隐瞒重要事实的，依法追究法律责任。"这里所讲的法律责任包括了民事责任、行政责任和刑事责任。如何承担法律责任，应根据有关法律、行政法规等的规定确定。比如，根据《中华人民共和国会计法》的规定，伪造、变造会计凭证、会计账簿，编制虚假财务会计报告，构成犯罪的，依法追究刑事责任；尚不构成犯罪的，由县级以上人民政府财政部门予以通报，可对单位并处 5000 元以上 10 万元以下的罚款；对其直接负责的主管人员和其他直接责任人员，可处 3000 元以上 5 万元以下的罚款。授意、指使、强令会计机构、会计人员及其他人员伪造、变造会计凭证、会计账簿，编制虚假财务会计报告或者隐匿、故意销毁依法应当保存的会计凭证、会计账簿、财务会计报告，构成犯罪的，依法追究刑事责任；尚不构成犯罪的，可处 5000 元以上 5 万元以下的罚款。

◉ 如何处理农民专业合作社成员不履行合同的行为？

合作社是以服务成员、谋求全体成员的共同利益为宗旨的，成员入社自愿、退社自由、地位平等、民主管理，实行自主经营、自负盈亏、利益共享、风险共担。《农民专业合作社法》的"法律责任"一章中对侵占、挪用、截留、私分合作社及成员合法财产的行为，对向登记机关提供虚假登记信息和欺诈手段的行为，对向有关财务主管部门提供虚假财务报告和隐瞒重要事实的行为，应该承担的法律责任作了规定。对成员不履行合同的行为，合作社可在章程中明确处理办法，如《农民专业合作社示范章程》中对合作社成员的义务作出了表述："积极参加本社各项业务活动，接受本社提供的技术指导，按照本社规定的质量标准和生产技术规程从事生产，履行与本社签订的业务合同，发扬互助协作精神，谋求共同发展"，并对不履行义务的成员作出了处罚处理："成员有下列情形之一的，经成员大会讨论通过予以除名：（一）不履行成员义务，经教育无效的；（二）给本社名誉或者利益带来严重损害的；（三）成员共同议决的其他情形。对于被除名社员，退还记载在该成员账户内的出资额和公积金份额，结清其应承担的债务，返还其相应的盈余所得。因前款第二项被除名的，须对本社作出相应赔偿。"

◉ 附录一

中华人民共和国农民专业合作社法

第一章 总 则

第一条 为了规范农民专业合作社的组织和行为，鼓励、支持、引导农民专业合作社的发展，保护农民专业合作社及其成员的合法权益，推进农业农村现代化，制定本法。

第二条 本法所称农民专业合作社，是指在农村家庭承包经营基础上，农产品的生产经营者或者农业生产经营服务的提供者、利用者，自愿联合、民主管理的互助性经济组织。

第三条 农民专业合作社以其成员为主要服务对象，开展以下一种或者多种业务：

（一）农业生产资料的购买、使用；

（二）农产品的生产、销售、加工、运输、贮藏及其他相关服务；

（三）农村民间工艺及制品、休闲农业和乡村旅游资源的开发经营等；

（四）与农业生产经营有关的技术、信息、设施建设运营等服务。

第四条 农民专业合作社应当遵循下列原则：

（一）成员以农民为主体；

（二）以服务成员为宗旨，谋求全体成员的共同利益；

（三）入社自愿、退社自由；

（四）成员地位平等，实行民主管理；

（五）盈余主要按照成员与农民专业合作社的交易量（额）比例

返还。

第五条　农民专业合作社依照本法登记，取得法人资格。

农民专业合作社对由成员出资、公积金、国家财政直接补助、他人捐赠以及合法取得的其他资产所形成的财产，享有占有、使用和处分的权利，并以上述财产对债务承担责任。

第六条　农民专业合作社成员以其账户内记载的出资额和公积金份额为限对农民专业合作社承担责任。

第七条　国家保障农民专业合作社享有与其他市场主体平等的法律地位。

国家保护农民专业合作社及其成员的合法权益，任何单位和个人不得侵犯。

第八条　农民专业合作社从事生产经营活动，应当遵守法律，遵守社会公德、商业道德，诚实守信，不得从事与章程规定无关的活动。

第九条　农民专业合作社为扩大生产经营和服务的规模，发展产业化经营，提高市场竞争力，可以依法自愿设立或者加入农民专业合作社联合社。

第十条　国家通过财政支持、税收优惠和金融、科技、人才的扶持以及产业政策引导等措施，促进农民专业合作社的发展。

国家鼓励和支持公民、法人和其他组织为农民专业合作社提供帮助和服务。

对发展农民专业合作社事业做出突出贡献的单位和个人，按照国家有关规定予以表彰和奖励。

第十一条　县级以上人民政府应当建立农民专业合作社工作的综

合协调机制，统筹指导、协调、推动农民专业合作社的建设和发展。

县级以上人民政府农业主管部门、其他有关部门和组织应当依据各自职责，对农民专业合作社的建设和发展给予指导、扶持和服务。

第二章　设立和登记

第十二条　设立农民专业合作社，应当具备下列条件：

（一）有五名以上符合本法第十九条、第二十条规定的成员；

（二）有符合本法规定的章程；

（三）有符合本法规定的组织机构；

（四）有符合法律、行政法规规定的名称和章程确定的住所；

（五）有符合章程规定的成员出资。

第十三条　农民专业合作社成员可以用货币出资，也可以用实物、知识产权、土地经营权、林权等可以用货币估价并可以依法转让的非货币财产，以及章程规定的其他方式作价出资；但是，法律、行政法规规定不得作为出资的财产除外。

农民专业合作社成员不得以对该社或者其他成员的债权，充抵出资；不得以缴纳的出资，抵销对该社或者其他成员的债务。

第十四条　设立农民专业合作社，应当召开由全体设立人参加的设立大会。设立时自愿成为该社成员的人为设立人。

设立大会行使下列职权：

（一）通过本社章程，章程应当由全体设立人一致通过；

（二）选举产生理事长、理事、执行监事或者监事会成员；

（三）审议其他重大事项。

第十五条　农民专业合作社章程应当载明下列事项：

（一）名称和住所；

（二）业务范围；

（三）成员资格及入社、退社和除名；

（四）成员的权利和义务；

（五）组织机构及其产生办法、职权、任期、议事规则；

（六）成员的出资方式、出资额，成员出资的转让、继承、担保；

（七）财务管理和盈余分配、亏损处理；

（八）章程修改程序；

（九）解散事由和清算办法；

（十）公告事项及发布方式；

（十一）附加表决权的设立、行使方式和行使范围；

（十二）需要载明的其他事项。

第十六条　设立农民专业合作社，应当向工商行政管理部门提交下列文件，申请设立登记：

（一）登记申请书；

（二）全体设立人签名、盖章的设立大会纪要；

（三）全体设立人签名、盖章的章程；

（四）法定代表人、理事的任职文件及身份证明；

（五）出资成员签名、盖章的出资清单；

（六）住所使用证明；

（七）法律、行政法规规定的其他文件。

登记机关应当自受理登记申请之日起二十日内办理完毕，向符合登记条件的申请者颁发营业执照，登记类型为农民专业合作社。

农民专业合作社法定登记事项变更的，应当申请变更登记。

登记机关应当将农民专业合作社的登记信息通报同级农业等有关部门。

农民专业合作社登记办法由国务院规定。办理登记不得收取费用。

第十七条 农民专业合作社应当按照国家有关规定，向登记机关报送年度报告，并向社会公示。

第十八条 农民专业合作社可以依法向公司等企业投资，以其出资额为限对所投资企业承担责任。

第三章 成 员

第十九条 具有民事行为能力的公民，以及从事与农民专业合作社业务直接有关的生产经营活动的企业、事业单位或者社会组织，能够利用农民专业合作社提供的服务，承认并遵守农民专业合作社章程，履行章程规定的入社手续的，可以成为农民专业合作社的成员。但是，具有管理公共事务职能的单位不得加入农民专业合作社。

农民专业合作社应当置备成员名册，并报登记机关。

第二十条 农民专业合作社的成员中，农民至少应当占成员总数的百分之八十。

成员总数二十人以下的，可以有一个企业、事业单位或者社会组织成员；成员总数超过二十人的，企业、事业单位和社会组织成员不得超过成员总数的百分之五。

第二十一条 农民专业合作社成员享有下列权利：

（一）参加成员大会，并享有表决权、选举权和被选举权，按照章程规定对本社实行民主管理；

（二）利用本社提供的服务和生产经营设施；

（三）按照章程规定或者成员大会决议分享盈余；

（四）查阅本社的章程、成员名册、成员大会或者成员代表大会记录、理事会会议决议、监事会会议决议、财务会计报告、会计账簿和财务审计报告；

（五）章程规定的其他权利。

第二十二条　农民专业合作社成员大会选举和表决，实行一人一票制，成员各享有一票的基本表决权。

出资额或者与本社交易量（额）较大的成员按照章程规定，可以享有附加表决权。本社的附加表决权总票数，不得超过本社成员基本表决权总票数的百分之二十。享有附加表决权的成员及其享有的附加表决权数，应当在每次成员大会召开时告知出席会议的全体成员。

第二十三条　农民专业合作社成员承担下列义务：

（一）执行成员大会、成员代表大会和理事会的决议；

（二）按照章程规定向本社出资；

（三）按照章程规定与本社进行交易；

（四）按照章程规定承担亏损；

（五）章程规定的其他义务。

第二十四条　符合本法第十九条、第二十条规定的公民、企业、事业单位或者社会组织，要求加入已成立的农民专业合作社，应当向理事长或者理事会提出书面申请，经成员大会或者成员代表大会表决通过后，成为本社成员。

第二十五条　农民专业合作社成员要求退社的，应当在会计年度终了的三个月前向理事长或者理事会提出书面申请；其中，企业、事业单位或者社会组织成员退社，应当在会计年度终了的六个月前提出；章程另有规定的，从其规定。退社成员的成员资格自会计年度终了时终止。

第二十六条　农民专业合作社成员不遵守农民专业合作社的章程、成员大会或者成员代表大会的决议，或者严重危害其他成员及农民专业合作社利益的，可以予以除名。

成员的除名，应当经成员大会或者成员代表大会表决通过。

在实施前款规定时，应当为该成员提供陈述意见的机会。

被除名成员的成员资格自会计年度终了时终止。

第二十七条　成员在其资格终止前与农民专业合作社已订立的合同，应当继续履行；章程另有规定或者与本社另有约定的除外。

第二十八条　成员资格终止的，农民专业合作社应当按照章程规定的方式和期限，退还记载在该成员账户内的出资额和公积金份额；对成员资格终止前的可分配盈余，依照本法第四十四条的规定向其返还。

资格终止的成员应当按照章程规定分摊资格终止前本社的亏损及债务。

第四章　组织机构

第二十九条　农民专业合作社成员大会由全体成员组成，是本社的权力机构，行使下列职权：

（一）修改章程；

（二）选举和罢免理事长、理事、执行监事或者监事会成员；

（三）决定重大财产处置、对外投资、对外担保和生产经营活动中的其他重大事项；

（四）批准年度业务报告、盈余分配方案、亏损处理方案；

（五）对合并、分立、解散、清算，以及设立、加入联合社等作出决议；

（六）决定聘用经营管理人员和专业技术人员的数量、资格和任期；

（七）听取理事长或者理事会关于成员变动情况的报告，对成员的入社、除名等作出决议；

（八）公积金的提取及使用；

（九）章程规定的其他职权。

第三十条　农民专业合作社召开成员大会，出席人数应当达到成员总数三分之二以上。

成员大会选举或者作出决议，应当由本社成员表决权总数过半数通过；作出修改章程或者合并、分立、解散，以及设立、加入联合社的决议应当由本社成员表决权总数的三分之二以上通过。章程对表决权数有较高规定的，从其规定。

第三十一条　农民专业合作社成员大会每年至少召开一次，会议的召集由章程规定。有下列情形之一的，应当在二十日内召开临时成员大会：

（一）百分之三十以上的成员提议；

（二）执行监事或者监事会提议；

（三）章程规定的其他情形。

第三十二条　农民专业合作社成员超过一百五十人的，可以按照章程规定设立成员代表大会。成员代表大会按照章程规定可以行使成员大会的部分或者全部职权。

依法设立成员代表大会的，成员代表人数一般为成员总人数的百分之十，最低人数为五十一人。

第三十三条 农民专业合作社设理事长一名，可以设理事会。理事长为本社的法定代表人。

农民专业合作社可以设执行监事或者监事会。理事长、理事、经理和财务会计人员不得兼任监事。

理事长、理事、执行监事或者监事会成员，由成员大会从本社成员中选举产生，依照本法和章程的规定行使职权，对成员大会负责。

理事会会议、监事会会议的表决，实行一人一票。

第三十四条 农民专业合作社的成员大会、成员代表大会、理事会、监事会，应当将所议事项的决定作成会议记录，出席会议的成员、成员代表、理事、监事应当在会议记录上签名。

第三十五条 农民专业合作社的理事长或者理事会可以按照成员大会的决定聘任经理和财务会计人员，理事长或者理事可以兼任经理。经理按照章程规定或者理事会的决定，可以聘任其他人员。

经理按照章程规定和理事长或者理事会授权，负责具体生产经营活动。

第三十六条 农民专业合作社的理事长、理事和管理人员不得有下列行为：

（一）侵占、挪用或者私分本社资产；

（二）违反章程规定或者未经成员大会同意，将本社资金借贷给他人或者以本社资产为他人提供担保；

（三）接受他人与本社交易的佣金归为己有；

（四）从事损害本社经济利益的其他活动。

理事长、理事和管理人员违反前款规定所得的收入，应当归本社所有；给本社造成损失的，应当承担赔偿责任。

第三十七条　农民专业合作社的理事长、理事、经理不得兼任业务性质相同的其他农民专业合作社的理事长、理事、监事、经理。

第三十八条　执行与农民专业合作社业务有关公务的人员，不得担任农民专业合作社的理事长、理事、监事、经理或者财务会计人员。

第五章　财务管理

第三十九条　农民专业合作社应当按照国务院财政部门制定的财务会计制度进行财务管理和会计核算。

第四十条　农民专业合作社的理事长或者理事会应当按照章程规定，组织编制年度业务报告、盈余分配方案、亏损处理方案以及财务会计报告，于成员大会召开的十五日前，置备于办公地点，供成员查阅。

第四十一条　农民专业合作社与其成员的交易、与利用其提供的服务的非成员的交易，应当分别核算。

第四十二条　农民专业合作社可以按照章程规定或者成员大会决议从当年盈余中提取公积金。公积金用于弥补亏损、扩大生产经营或者转为成员出资。

每年提取的公积金按照章程规定量化为每个成员的份额。

第四十三条　农民专业合作社应当为每个成员设立成员账户，主要记载下列内容：

（一）该成员的出资额；

（二）量化为该成员的公积金份额；

（三）该成员与本社的交易量（额）。

第四十四条　在弥补亏损、提取公积金后的当年盈余，为农民专业合作社的可分配盈余。可分配盈余主要按照成员与本社的交易量（额）比例返还。

可分配盈余按成员与本社的交易量（额）比例返还的返还总额不得低于可分配盈余的百分之六十；返还后的剩余部分，以成员账户中记载的出资额和公积金份额，以及本社接受国家财政直接补助和他人捐赠形成的财产平均量化到成员的份额，按比例分配给本社成员。

经成员大会或者成员代表大会表决同意，可以将全部或者部分可分配盈余转为对农民专业合作社的出资，并记载在成员账户中。

具体分配办法按照章程规定或者经成员大会决议确定。

第四十五条　设立执行监事或者监事会的农民专业合作社，由执行监事或者监事会负责对本社的财务进行内部审计，审计结果应当向成员大会报告。

成员大会也可以委托社会中介机构对本社的财务进行审计。

第六章　合并、分立、解散和清算

第四十六条　农民专业合作社合并，应当自合并决议作出之日起十日内通知债权人。合并各方的债权、债务应当由合并后存续或者新设的组织承继。

第四十七条　农民专业合作社分立，其财产作相应的分割，并应当自分立决议作出之日起十日内通知债权人。分立前的债务由分立后的组织承担连带责任。但是，在分立前与债权人就债务清偿达成的书面协议另有约定的除外。

第四十八条 农民专业合作社因下列原因解散：

（一）章程规定的解散事由出现；

（二）成员大会决议解散；

（三）因合并或者分立需要解散；

（四）依法被吊销营业执照或者被撤销。

因前款第一项、第二项、第四项原因解散的，应当在解散事由出现之日起十五日内由成员大会推举成员组成清算组，开始解散清算。逾期不能组成清算组的，成员、债权人可以向人民法院申请指定成员组成清算组进行清算，人民法院应当受理该申请，并及时指定成员组成清算组进行清算。

第四十九条 清算组自成立之日起接管农民专业合作社，负责处理与清算有关未了结业务，清理财产和债权、债务，分配清偿债务后的剩余财产，代表农民专业合作社参与诉讼、仲裁或者其他法律程序，并在清算结束时办理注销登记。

第五十条 清算组应当自成立之日起十日内通知农民专业合作社成员和债权人，并于六十日内在报纸上公告。债权人应当自接到通知之日起三十日内，未接到通知的自公告之日起四十五日内，向清算组申报债权。如果在规定期间内全部成员、债权人均已收到通知，免除清算组的公告义务。

债权人申报债权，应当说明债权的有关事项，并提供证明材料。清算组应当对债权进行审查、登记。

在申报债权期间，清算组不得对债权人进行清偿。

第五十一条 农民专业合作社因本法第四十八条第一款的原因解散，或者人民法院受理破产申请时，不能办理成员退社手续。

第五十二条 清算组负责制定包括清偿农民专业合作社员工的工资及社会保险费用，清偿所欠税款和其他各项债务，以及分配剩余财产在内的清算方案，经成员大会通过或者申请人民法院确认后实施。

清算组发现农民专业合作社的财产不足以清偿债务的，应当依法向人民法院申请破产。

第五十三条 农民专业合作社接受国家财政直接补助形成的财产，在解散、破产清算时，不得作为可分配剩余资产分配给成员，具体按照国务院财政部门有关规定执行。

第五十四条 清算组成员应当忠于职守，依法履行清算义务，因故意或者重大过失给农民专业合作社成员及债权人造成损失的，应当承担赔偿责任。

第五十五条 农民专业合作社破产适用企业破产法的有关规定。但是，破产财产在清偿破产费用和共益债务后，应当优先清偿破产前与农民成员已发生交易但尚未结清的款项。

第七章 农民专业合作社联合社

第五十六条 三个以上的农民专业合作社在自愿的基础上，可以出资设立农民专业合作社联合社。

农民专业合作社联合社应当有自己的名称、组织机构和住所，由联合社全体成员制定并承认的章程，以及符合章程规定的成员出资。

第五十七条 农民专业合作社联合社依照本法登记，取得法人资格，领取营业执照，登记类型为农民专业合作社联合社。

第五十八条 农民专业合作社联合社以其全部财产对该社的债务承担责任；农民专业合作社联合社的成员以其出资额为限对农民专业合作社联合社承担责任。

第五十九条 农民专业合作社联合社应当设立由全体成员参加的成员大会，其职权包括修改农民专业合作社联合社章程，选举和罢免农民专业合作社联合社理事长、理事和监事，决定农民专业合作社联合社的经营方案及盈余分配，决定对外投资和担保方案等重大事项。

农民专业合作社联合社不设成员代表大会，可以根据需要设立理事会、监事会或者执行监事。理事长、理事应当由成员社选派的人员担任。

第六十条 农民专业合作社联合社的成员大会选举和表决，实行一社一票。

第六十一条 农民专业合作社联合社可分配盈余的分配办法，按照本法规定的原则由农民专业合作社联合社章程规定。

第六十二条 农民专业合作社联合社成员退社，应当在会计年度终了的六个月前以书面形式向理事会提出。退社成员的成员资格自会计年度终了时终止。

第六十三条 本章对农民专业合作社联合社没有规定的，适用本法关于农民专业合作社的规定。

第八章　扶持措施

第六十四条　国家支持发展农业和农村经济的建设项目，可以委托和安排有条件的农民专业合作社实施。

第六十五条　中央和地方财政应当分别安排资金，支持农民专业合作社开展信息、培训、农产品标准与认证、农业生产基础设施建设、市场营销和技术推广等服务。国家对革命老区、民族地区、边疆地区和贫困地区的农民专业合作社给予优先扶助。

县级以上人民政府有关部门应当依法加强对财政补助资金使用情况的监督。

第六十六条　国家政策性金融机构应当采取多种形式，为农民专业合作社提供多渠道的资金支持。具体支持政策由国务院规定。

国家鼓励商业性金融机构采取多种形式，为农民专业合作社及其成员提供金融服务。

国家鼓励保险机构为农民专业合作社提供多种形式的农业保险服务。鼓励农民专业合作社依法开展互助保险。

第六十七条　农民专业合作社享受国家规定的对农业生产、加工、流通、服务和其他涉农经济活动相应的税收优惠。

第六十八条　农民专业合作社从事农产品初加工用电执行农业生产用电价格，农民专业合作社生产性配套辅助设施用地按农用地管理，具体办法由国务院有关部门规定。

第九章　法律责任

第六十九条　侵占、挪用、截留、私分或者以其他方式侵犯农民专业合作社及其成员的合法财产，非法干预农民专业合作社及其成员的生产经营活动，向农民专业合作社及其成员摊派，强迫农民专业合作社及其成员接受有偿服务，造成农民专业合作社经济损失的，依法追究法律责任。

第七十条　农民专业合作社向登记机关提供虚假登记材料或者采取其他欺诈手段取得登记的，由登记机关责令改正，可以处五千元以下罚款；情节严重的，撤销登记或者吊销营业执照。

第七十一条　农民专业合作社连续两年未从事经营活动的，吊销其营业执照。

第七十二条　农民专业合作社在依法向有关主管部门提供的财务报告等材料中，作虚假记载或者隐瞒重要事实的，依法追究法律责任。

第十章　附　则

第七十三条　国有农场、林场、牧场、渔场等企业中实行承包租赁经营、从事农业生产经营或者服务的职工，兴办农民专业合作社适用本法。

第七十四条　本法自 2018 年 7 月 1 日起施行。

◉ 附录二

中华人民共和国市场主体登记管理条例

第一章　总　则

第一条　为了规范市场主体登记管理行为，推进法治化市场建设，维护良好市场秩序和市场主体合法权益，优化营商环境，制定本条例。

第二条　本条例所称市场主体，是指在中华人民共和国境内以营利为目的从事经营活动的下列自然人、法人及非法人组织：

（一）公司、非公司企业法人及其分支机构；

（二）个人独资企业、合伙企业及其分支机构；

（三）农民专业合作社（联合社）及其分支机构；

（四）个体工商户；

（五）外国公司分支机构；

（六）法律、行政法规规定的其他市场主体。

第三条　市场主体应当依照本条例办理登记。未经登记，不得以市场主体名义从事经营活动。法律、行政法规规定无需办理登记的除外。

市场主体登记包括设立登记、变更登记和注销登记。

第四条　市场主体登记管理应当遵循依法合规、规范统一、公开透明、便捷高效的原则。

第五条　国务院市场监督管理部门主管全国市场主体登记管理工作。

县级以上地方人民政府市场监督管理部门主管本辖区市场主体登记管理工作，加强统筹指导和监督管理。

第六条　国务院市场监督管理部门应当加强信息化建设，制定统一的市场主体登记数据和系统建设规范。

县级以上地方人民政府承担市场主体登记工作的部门（以下称登记机关）应当优化市场主体登记办理流程，提高市场主体登记效率，推行当场办结、一次办结、限时办结等制度，实现集中办理、就近办理、网上办理、异地可办，提升市场主体登记便利化程度。

第七条　国务院市场监督管理部门和国务院有关部门应当推动市场主体登记信息与其他政府信息的共享和运用，提升政府服务效能。

第二章　登记事项

第八条　市场主体的一般登记事项包括：

（一）名称；

（二）主体类型；

（三）经营范围；

（四）住所或者主要经营场所；

（五）注册资本或者出资额；

（六）法定代表人、执行事务合伙人或者负责人姓名。

除前款规定外，还应当根据市场主体类型登记下列事项：

（一）有限责任公司股东、股份有限公司发起人、非公司企业法人出资人的姓名或者名称；

（二）个人独资企业的投资人姓名及居所；

（三）合伙企业的合伙人名称或者姓名、住所、承担责任方式；

（四）个体工商户的经营者姓名、住所、经营场所；

（五）法律、行政法规规定的其他事项。

第九条　市场主体的下列事项应当向登记机关办理备案：

（一）章程或者合伙协议；

（二）经营期限或者合伙期限；

（三）有限责任公司股东或者股份有限公司发起人认缴的出资数额，合伙企业合伙人认缴或者实际缴付的出资数额、缴付期限和出资方式；

（四）公司董事、监事、高级管理人员；

（五）农民专业合作社（联合社）成员；

（六）参加经营的个体工商户家庭成员姓名；

（七）市场主体登记联络员、外商投资企业法律文件送达接受人；

（八）公司、合伙企业等市场主体受益所有人相关信息；

（九）法律、行政法规规定的其他事项。

第十条　市场主体只能登记一个名称，经登记的市场主体名称受法律保护。

市场主体名称由申请人依法自主申报。

第十一条　市场主体只能登记一个住所或者主要经营场所。

电子商务平台内的自然人经营者可以根据国家有关规定，将电子商务平台提供的网络经营场所作为经营场所。

省、自治区、直辖市人民政府可以根据有关法律、行政法规的规定和本地区实际情况，自行或者授权下级人民政府对住所或者主要经营场所作出更加便利市场主体从事经营活动的具体规定。

第十二条　有下列情形之一的，不得担任公司、非公司企业法人的法定代表人：

（一）无民事行为能力或者限制民事行为能力；

（二）因贪污、贿赂、侵占财产、挪用财产或者破坏社会主义市场经济秩序被判处刑罚，执行期满未逾5年，或者因犯罪被剥夺政治权利，执行期满未逾5年；

（三）担任破产清算的公司、非公司企业法人的法定代表人、董事或者厂长、经理，对破产负有个人责任的，自破产清算完结之日起未逾3年；

（四）担任因违法被吊销营业执照、责令关闭的公司、非公司企业法人的法定代表人，并负有个人责任的，自被吊销营业执照之日起未逾3年；

（五）个人所负数额较大的债务到期未清偿；

（六）法律、行政法规规定的其他情形。

第十三条　除法律、行政法规或者国务院决定另有规定外，市场主体的注册资本或者出资额实行认缴登记制，以人民币表示。

出资方式应当符合法律、行政法规的规定。公司股东、非公司企业法人出资人、农民专业合作社（联合社）成员不得以劳务、信用、自然人姓名、商誉、特许经营权或者设定担保的财产等作价出资。

第十四条　市场主体的经营范围包括一般经营项目和许可经营项目。经营范围中属于在登记前依法须经批准的许可经营项目，市场主体应当在申请登记时提交有关批准文件。

市场主体应当按照登记机关公布的经营项目分类标准办理经营范围登记。

第三章 登记规范

第十五条 市场主体实行实名登记。申请人应当配合登记机关核验身份信息。

第十六条 申请办理市场主体登记，应当提交下列材料：

（一）申请书；

（二）申请人资格文件、自然人身份证明；

（三）住所或者主要经营场所相关文件；

（四）公司、非公司企业法人、农民专业合作社（联合社）章程或者合伙企业合伙协议；

（五）法律、行政法规和国务院市场监督管理部门规定提交的其他材料。

国务院市场监督管理部门应当根据市场主体类型分别制定登记材料清单和文书格式样本，通过政府网站、登记机关服务窗口等向社会公开。

登记机关能够通过政务信息共享平台获取的市场主体登记相关信息，不得要求申请人重复提供。

第十七条 申请人应当对提交材料的真实性、合法性和有效性负责。

第十八条 申请人可以委托其他自然人或者中介机构代其办理市场主体登记。受委托的自然人或者中介机构代为办理登记事宜应当遵守有关规定，不得提供虚假信息和材料。

第十九条 登记机关应当对申请材料进行形式审查。对申请材料齐全、符合法定形式的予以确认并当场登记。不能当场登记的，应当在3个工作日内予以登记；情形复杂的，经登记机关负责人批准，可以再延长3个工作日。

申请材料不齐全或者不符合法定形式的，登记机关应当一次性告知申请人需要补正的材料。

第二十条　登记申请不符合法律、行政法规规定，或者可能危害国家安全、社会公共利益的，登记机关不予登记并说明理由。

第二十一条　申请人申请市场主体设立登记，登记机关依法予以登记的，签发营业执照。营业执照签发日期为市场主体的成立日期。

法律、行政法规或者国务院决定规定设立市场主体须经批准的，应当在批准文件有效期内向登记机关申请登记。

第二十二条　营业执照分为正本和副本，具有同等法律效力。

电子营业执照与纸质营业执照具有同等法律效力。

营业执照样式、电子营业执照标准由国务院市场监督管理部门统一制定。

第二十三条　市场主体设立分支机构，应当向分支机构所在地的登记机关申请登记。

第二十四条　市场主体变更登记事项，应当自作出变更决议、决定或者法定变更事项发生之日起30日内向登记机关申请变更登记。

市场主体变更登记事项属于依法须经批准的，申请人应当在批准文件有效期内向登记机关申请变更登记。

第二十五条　公司、非公司企业法人的法定代表人在任职期间发生本条例第十二条所列情形之一的，应当向登记机关申请变更登记。

第二十六条　市场主体变更经营范围，属于依法须经批准的项目的，应当自批准之日起30日内申请变更登记。许可证或者批准文件被吊销、撤销或者有效期届满的，应当自许可证或者批准文件被吊销、撤销或者有效期届满之日起30日内向登记机关申请变更登记或者办理注销登记。

第二十七条 市场主体变更住所或者主要经营场所跨登记机关辖区的，应当在迁入新的住所或者主要经营场所前，向迁入地登记机关申请变更登记。迁出地登记机关无正当理由不得拒绝移交市场主体档案等相关材料。

第二十八条 市场主体变更登记涉及营业执照记载事项的，登记机关应当及时为市场主体换发营业执照。

第二十九条 市场主体变更本条例第九条规定的备案事项的，应当自作出变更决议、决定或者法定变更事项发生之日起30日内向登记机关办理备案。农民专业合作社（联合社）成员发生变更的，应当自本会计年度终了之日起90日内向登记机关办理备案。

第三十条 因自然灾害、事故灾难、公共卫生事件、社会安全事件等原因造成经营困难的，市场主体可以自主决定在一定时期内歇业。法律、行政法规另有规定的除外。

市场主体应当在歇业前与职工依法协商劳动关系处理等有关事项。

市场主体应当在歇业前向登记机关办理备案。登记机关通过国家企业信用信息公示系统向社会公示歇业期限、法律文书送达地址等信息。

市场主体歇业的期限最长不得超过3年。市场主体在歇业期间开展经营活动的，视为恢复营业，市场主体应当通过国家企业信用信息公示系统向社会公示。

市场主体歇业期间，可以以法律文书送达地址代替住所或者主要经营场所。

第三十一条　市场主体因解散、被宣告破产或者其他法定事由需要终止的，应当依法向登记机关申请注销登记。经登记机关注销登记，市场主体终止。

市场主体注销依法须经批准的，应当经批准后向登记机关申请注销登记。

第三十二条　市场主体注销登记前依法应当清算的，清算组应当自成立之日起10日内将清算组成员、清算组负责人名单通过国家企业信用信息公示系统公告。清算组可以通过国家企业信用信息公示系统发布债权人公告。

清算组应当自清算结束之日起30日内向登记机关申请注销登记。市场主体申请注销登记前，应当依法办理分支机构注销登记。

第三十三条　市场主体未发生债权债务或者已将债权债务清偿完结，未发生或者已结清清偿费用、职工工资、社会保险费用、法定补偿金、应缴纳税款（滞纳金、罚款），并由全体投资人书面承诺对上述情况的真实性承担法律责任的，可以按照简易程序办理注销登记。

市场主体应当将承诺书及注销登记申请通过国家企业信用信息公示系统公示，公示期为20日。在公示期内无相关部门、债权人及其他利害关系人提出异议的，市场主体可以于公示期届满之日起20日内向登记机关申请注销登记。

个体工商户按照简易程序办理注销登记的，无需公示，由登记机关将个体工商户的注销登记申请推送至税务等有关部门，有关部门在10日内没有提出异议的，可以直接办理注销登记。

市场主体注销依法须经批准的，或者市场主体被吊销营业执照、责令关闭、撤销，或者被列入经营异常名录的，不适用简易注销程序。

第三十四条　人民法院裁定强制清算或者裁定宣告破产的，有关清算组、破产管理人可以持人民法院终结强制清算程序的裁定或者终结破产程序的裁定，直接向登记机关申请办理注销登记。

第四章　监督管理

第三十五条　市场主体应当按照国家有关规定公示年度报告和登记相关信息。

第三十六条　市场主体应当将营业执照置于住所或者主要经营场所的醒目位置。从事电子商务经营的市场主体应当在其首页显著位置持续公示营业执照信息或者相关链接标识。

第三十七条　任何单位和个人不得伪造、涂改、出租、出借、转让营业执照。

营业执照遗失或者毁坏的，市场主体应当通过国家企业信用信息公示系统声明作废，申请补领。

登记机关依法作出变更登记、注销登记和撤销登记决定的，市场主体应当缴回营业执照。拒不缴回或者无法缴回营业执照的，由登记机关通过国家企业信用信息公示系统公告营业执照作废。

第三十八条　登记机关应当根据市场主体的信用风险状况实施分级分类监管。

登记机关应当采取随机抽取检查对象、随机选派执法检查人员的方式，对市场主体登记事项进行监督检查，并及时向社会公开监督检查结果。

第三十九条　登记机关对市场主体涉嫌违反本条例规定的行为进行查处，可以行使下列职权：

（一）进入市场主体的经营场所实施现场检查；

（二）查阅、复制、收集与市场主体经营活动有关的合同、票据、账簿以及其他资料；

（三）向与市场主体经营活动有关的单位和个人调查了解情况；

（四）依法责令市场主体停止相关经营活动；

（五）依法查询涉嫌违法的市场主体的银行账户；

（六）法律、行政法规规定的其他职权。

登记机关行使前款第四项、第五项规定的职权的，应当经登记机关主要负责人批准。

第四十条　提交虚假材料或者采取其他欺诈手段隐瞒重要事实取得市场主体登记的，受虚假市场主体登记影响的自然人、法人和其他组织可以向登记机关提出撤销市场主体登记的申请。

登记机关受理申请后，应当及时开展调查。经调查认定存在虚假市场主体登记情形的，登记机关应当撤销市场主体登记。相关市场主体和人员无法联系或者拒不配合的，登记机关可以将相关市场主体的登记时间、登记事项等通过国家企业信用信息公示系统向社会公示，公示期为45日。相关市场主体及其利害关系人在公示期内没有提出异议的，登记机关可以撤销市场主体登记。

因虚假市场主体登记被撤销的市场主体，其直接责任人自市场主体登记被撤销之日起3年内不得再次申请市场主体登记。登记机关应当通过国家企业信用信息公示系统予以公示。

第四十一条　有下列情形之一的，登记机关可以不予撤销市场主体登记：

（一）撤销市场主体登记可能对社会公共利益造成重大损害；

（二）撤销市场主体登记后无法恢复到登记前的状态；

（三）法律、行政法规规定的其他情形。

第四十二条　登记机关或者其上级机关认定撤销市场主体登记决定错误的，可以撤销该决定，恢复原登记状态，并通过国家企业信用信息公示系统公示。

第五章　法律责任

第四十三条　未经设立登记从事经营活动的，由登记机关责令改正，没收违法所得；拒不改正的，处 1 万元以上 10 万元以下的罚款；情节严重的，依法责令关闭停业，并处 10 万元以上 50 万元以下的罚款。

第四十四条　提交虚假材料或者采取其他欺诈手段隐瞒重要事实取得市场主体登记的，由登记机关责令改正，没收违法所得，并处 5 万元以上 20 万元以下的罚款；情节严重的，处 20 万元以上 100 万元以下的罚款，吊销营业执照。

第四十五条　实行注册资本实缴登记制的市场主体虚报注册资本取得市场主体登记的，由登记机关责令改正，处虚报注册资本金额 5% 以上 15% 以下的罚款；情节严重的，吊销营业执照。

实行注册资本实缴登记制的市场主体的发起人、股东虚假出资，未交付或者未按期交付作为出资的货币或者非货币财产的，或者在市场主体成立后抽逃出资的，由登记机关责令改正，处虚假出资金额 5% 以上 15% 以下的罚款。

第四十六条　市场主体未依照本条例办理变更登记的，由登记机关责令改正；拒不改正的，处 1 万元以上 10 万元以下的罚款；情节严重的，吊销营业执照。

第四十七条　市场主体未依照本条例办理备案的，由登记机关责令改正；拒不改正的，处 5 万元以下的罚款。

第四十八条　市场主体未依照本条例将营业执照置于住所或者主要经营场所醒目位置的，由登记机关责令改正；拒不改正的，处 3 万元以下的罚款。

从事电子商务经营的市场主体未在其首页显著位置持续公示营业执照信息或者相关链接标识的，由登记机关依照《中华人民共和国电子商务法》处罚。

市场主体伪造、涂改、出租、出借、转让营业执照的，由登记机关没收违法所得，处 10 万元以下的罚款；情节严重的，处 10 万元以上 50 万元以下的罚款，吊销营业执照。

第四十九条　违反本条例规定的，登记机关确定罚款金额时，应当综合考虑市场主体的类型、规模、违法情节等因素。

第五十条　登记机关及其工作人员违反本条例规定未履行职责或者履行职责不当的，对直接负责的主管人员和其他直接责任人员依法给予处分。

第五十一条　违反本条例规定，构成犯罪的，依法追究刑事责任。

第五十二条　法律、行政法规对市场主体登记管理违法行为处罚另有规定的，从其规定。

第六章 附 则

第五十三条 国务院市场监督管理部门可以依照本条例制定市场主体登记和监督管理的具体办法。

第五十四条 无固定经营场所摊贩的管理办法，由省、自治区、直辖市人民政府根据当地实际情况另行规定。

第五十五条 本条例自2022年3月1日起施行。《中华人民共和国公司登记管理条例》、《中华人民共和国企业法人登记管理条例》、《中华人民共和国合伙企业登记管理办法》、《农民专业合作社登记管理条例》、《企业法人法定代表人登记管理规定》同时废止。

◉ 附录三

国家工商行政管理总局农民专业合作社年度报告公示暂行办法

（2014年8月19日国家工商行政管理总局令第70号公布）

第一条　为规范农民专业合作社年度报告公示，依据《农民专业合作社登记管理条例》《企业信息公示暂行条例》《注册资本登记制度改革方案》等行政法规和国务院有关规定，制定本办法。

第二条　农民专业合作社年度报告的报送、公示适用本办法。

第三条　国家工商行政管理总局和省、自治区、直辖市工商行政管理局分别负责全国和各省、自治区、直辖市农民专业合作社年度报告公示的管理工作，并对下级工商行政管理部门开展年度报告公示工作进行指导和监督。

各级工商行政管理部门负责其登记的农民专业合作社的年度报告公示相关工作。

第四条　农民专业合作社应当于每年1月1日至6月30日，通过企业信用信息公示系统向工商行政管理部门报送上一年度年度报告，并向社会公示。

当年设立登记的农民专业合作社，自下一年起报送并公示年度报告。

第五条　农民专业合作社年度报告内容包括：

（一）行政许可取得和变动信息；

（二）生产经营信息；

（三）资产状况信息；

（四）开设的网站或者从事网络经营的网店的名称、网址等信息；

（五）联系方式信息；

（六）国家工商行政管理总局要求公示的其他信息。

第六条 农民专业合作社应当对其年度报告内容的真实性、及时性负责。

第七条 农民专业合作社发现其公示的年度报告内容不准确的，应当及时更正，更正应当在每年 6 月 30 日之前完成。更正前后内容同时公示。

第八条 省、自治区、直辖市工商行政管理局应当组织对农民专业合作社年度报告公示信息进行随机抽查。

抽查的农民专业合作社名单和抽查结果应当通过企业信用信息公示系统公示。

农民专业合作社年度报告公示信息的抽查比例、抽查方式、抽查程序参照《企业公示信息抽查暂行办法》有关规定执行。

第九条 公民、法人或者其他组织发现农民专业合作社公示的信息虚假的，可以向工商行政管理部门举报。工商行政管理部门应当自收到举报材料之日起 20 个工作日内进行核查，予以处理，并将处理结果书面告知举报人。

第十条 农民专业合作社未按照本办法规定的期限报送年度报告并公示的，工商行政管理部门应当自当年年度报告公示结束之日起 10 个工作日内作出将其列入经营异常名录的决定，并通过企业信用信息公示系统向社会公示。

第十一条 农民专业合作社年度报告公示信息隐瞒真实情况、弄虚作假的，工商行政管理部门应当自查实之日起 10 个工作日内作出将其列入经营异常名录的决定，并通过企业信用信息公示系统向社会公示。

第十二条　工商行政管理部门在依法履职过程中通过登记的住所无法与农民专业合作社取得联系的，应当自查实之日起10个工作日内作出将其列入经营异常名录的决定，并通过企业信用信息公示系统向社会公示。

第十三条　依照本办法第十条规定被列入经营异常名录的农民专业合作社，可以在补报未报年份的年度报告并公示后，申请移出经营异常名录，工商行政管理部门应当自收到申请之日起5个工作日内作出移出决定。

第十四条　依照本办法第十一条规定被列入经营异常名录的农民专业合作社，更正其公示的年度报告信息后，可以向工商行政管理部门申请移出经营异常名录，工商行政管理部门应当自查实之日起5个工作日内作出移出决定。

第十五条　依照本办法第十二条规定被列入经营异常名录的农民专业合作社，依法办理住所变更登记，或者提出通过登记的住所可以重新取得联系，申请移出经营异常名录的，工商行政管理部门应当自查实之日起5个工作日内作出移出决定。

第十六条　农民专业合作社对其被列入经营异常名录有异议的，可以自公示之日起30日内向作出决定的工商行政管理部门提出书面申请并提交相关证明材料，工商行政管理部门应当在5个工作日内决定是否受理。予以受理的，应当在20个工作日内核实，并将核实结果书面告知申请人；不予受理的，将不予受理的理由书面告知申请人。

工商行政管理部门通过核实发现将农民专业合作社列入经营异常名录存在错误的，应当自查实之日起5个工作日内予以更正。

第十七条 对农民专业合作社被列入、移出经营异常名录的决定，可以依法申请行政复议或者提起行政诉讼。

第十八条 工商行政管理部门未依照本办法的有关规定履行职责的，由上一级工商行政管理部门责令改正；情节严重的，对负有责任的主管人员和其他直接责任人员依照有关规定予以处理。

第十九条 农民专业合作社年度报告及公示内容格式，由国家工商行政管理总局统一制定。

第二十条 本办法由国家工商行政管理总局负责解释。

第二十一条 本办法自2014年10月1日起施行。